权威·前沿·原创

皮书系列为
"十二五""十三五""十四五"国家重点图书出版规划项目

BLUE BOOK

智 库 成 果 出 版 与 传 播 平 台

波兰蓝皮书

BLUE BOOK OF POLAND

波兰发展报告（2021）

ANNUAL REPORT ON DEVELOPMENT OF POLAND (2021)

重庆交通大学欧洲研究中心

主　编 / 黄承锋　余元玲

副主编 / 雷　洋　杨既福

社会科学文献出版社

SOCIAL SCIENCES ACADEMIC PRESS（CHINA）

图书在版编目（CIP）数据

波兰发展报告 . 2021/黄承锋，余元玲主编 . -- 北
京：社会科学文献出版社，2022.2
（波兰蓝皮书）
ISBN 978 - 7 - 5201 - 9682 - 6

Ⅰ. ①波… Ⅱ. ①黄… ②余… Ⅲ. ①波兰 - 研究报
告 - 2021 Ⅳ. ①D751.3

中国版本图书馆 CIP 数据核字（2022）第 023411 号

波兰蓝皮书
波兰发展报告（2021）

主　　编／黄承锋　余元玲
副 主 编／雷　洋　杨既福

出 版 人／王利民
组稿编辑／张晓莉
责任编辑／叶　娟
文稿编辑／赵海旭
责任印制／王京美

出　　版／社会科学文献出版社·国别区域分社（010）59367078
　　　　　　地址：北京市北三环中路甲 29 号院华龙大厦　邮编：100029
　　　　　　网址：www.ssap.com.cn
发　　行／社会科学文献出版社（010）59367028
印　　装／天津千鹤文化传播有限公司

规　　格／开　本：787mm×1092mm　1/16
　　　　　　印　张：15.75　字　数：205 千字
版　　次／2022 年 2 月第 1 版　2022 年 2 月第 1 次印刷
书　　号／ISBN 978 - 7 - 5201 - 9682 - 6
定　　价／138.00 元

读者服务电话：4008918866

波兰蓝皮书编委会

主要编撰者简介

黄承锋 博士，重庆交通大学副校长、欧洲研究中心主任，教授、博士生导师，入选重庆市首批英才计划"名家名师"名单。研究领域为国际交通发展战略，发表学术论文 50 余篇，主持国家级、国际合作项目 10 余项，著有《运输经济学导论》《区域交通发展与管理》等。

余元玲 博士，重庆交通大学副教授、欧洲研究中心常务副主任，主要研究方向为环境与资源保护法、国际经济法。近年来在《经济评论》《甘肃社会科学》等核心刊物发表论文 10 余篇，出版专著 3 部。

雷　洋 博士，重庆交通大学副教授、欧洲研究中心国际经贸所所长，研究领域为国际运输通道、交通地缘政治等。近年来在《中国工程科学》《世界地理研究》《综合运输》等重要刊物发表论文 10 余篇，获省部级奖励 2 项。

杨既福 博士，重庆交通大学党政办主任、欧洲研究中心研究员，主要致力于高等教育国际化发展战略研究，近年来在《山东社会科学》《江苏高教》《人民论坛》等刊物发表与高等教育国际化相关的论文 10 余篇。

摘　要

　　《波兰发展报告（2021）》总报告和分报告重点分析了2019～2020年波兰政治、经济、外交的发展特征与趋势。2019年波兰法律与公正党赢得众议院多数席位，2020年总统杜达实现连任。未来波兰政府政策将保持连续性，但是波兰社会的分裂尚未得到弥合，波兰政治重组尚在进行中。法律与公正党政府将继续执行扩大社会福利的经济政策。2019年波兰经济继续保持增长势头，但受新冠肺炎疫情的影响，2020年波兰经济陷入衰退，结束了自1992年以来经济持续增长的历史。2019～2020年波兰延续疑欧、亲美和反俄的外交政策。

　　非政府组织在波兰历史进程中产生了重要影响。波兰政府出台众多法律法规对非政府组织的设立条件、登记程序、活动范围、税收政策、程序要求以及志愿者权利义务等方面进行监管。2017年《国家自由协会法》颁布后，波兰政府对非政府组织的管理收紧，波兰政府通过经费、舆论等渠道加强对非政府组织的管控和引导。随着一系列国际化战略、政策、举措的实施，波兰高等教育国际化取得的成效令人瞩目。波兰高等教育国际化受政治、经济、教育等多重因素的影响，是多重政策聚合推动的产物。

　　波兰拥有丰富的自然资源和极具竞争力的劳动力优势。近年来，波兰经济实现了快速稳步的增长，营商环境也得到了大幅改善，国际竞争力指数和创新指数都呈现持续增长趋势，成为欧盟最具投资吸引力的经济体之一。但波兰也需持续加强交通基础设施建设，在法律透

明度及稳定性、创新政策及创新环境上持续加以改善。

波兰种植业占农业生产的比重较大，最重要的农作物为小麦等谷物，蔬菜种植以卷心菜、洋葱、胡萝卜等为主；苹果种植具有显著的竞争力；畜牧业具有较好的发展基础；渔业具有较好的发展潜力。欧盟是波兰最主要的农产品贸易伙伴，波兰是中国在中东欧地区最大的贸易伙伴，中国是波兰在亚洲地区最大的贸易伙伴。未来波兰农业将继续保持稳定的发展态势，在农产品国际贸易等方面有较大的发展潜力。

波兰现存铁路网严重老化，难以满足经济发展和吸引外商投资的需要，整个铁路系统面临升级改造和维护的压力。在欧盟支持下，波兰对铁路基础设施的投资力度不断加大，因此波兰铁路工程建设市场存在较大发展空间和机遇。但是由于标准、法律和文化等方面的差异，以及原有市场竞争格局的存在，中资企业进入波兰铁路建设市场也存在明显的障碍和约束。

波兰物流绩效总体进步很大，尤其加入欧盟和"一带一路"倡议都给波兰物流业发展带来了契机。从与中欧班列对接情况来看，波兰铁路运输存在速度、能力和容量等与现行运输需求不匹配等问题，铁路口岸的换装和转运能力严重不足，这些逐渐成为中欧班列运行的瓶颈。

中波建立全面战略伙伴关系以来，两国政治交往日益密切，贸易合作成果显著，人文交流日益频繁，中欧关系也得到提升。但是两国关系在发展过程中仍然存在一定问题，例如，中波双方政治方面合作不深入，基础设施不能满足实际需求，科技合作形式单一；中波经贸关系存在波中贸易逆差过大、双边贸易额在两国对外贸易总额中所占比重较小、贸易结构单一等问题。

关键词： 波兰　政治　外交　经济　中波关系

目　录 ⬅▨▨▨

Ⅳ 中波关系篇

Ⅴ 附录

皮书数据库阅读**使用指南**

总 报 告
General Report

B.1
2019～2020年波兰政治、经济与外交

孔田平*

摘　要：　2019年波兰举行议会选举，执政的法律与公正党赢得众议院多数席位，莫拉维茨基连任总理。2020年总统杜达以微弱优势击败公民纲领党候选人恰斯科夫斯基，实现连任。尽管在可预见的未来波兰政府的政策将保持连续性，但是波兰社会的分裂尚未得到弥合，波兰政治重组尚在进行中，以妇女抗议为代表的抗议政治回归。法律与公正党政府将继续执行扩大社会福利的经济政策。2019年波兰经济保持增长。2020年受新冠肺炎疫情的影响，波兰经济陷入衰退，结束了自1992年以来经济持续增长的历史。2019～2020年波兰延续了疑欧、亲美

---

* 孔田平，法学博士，中国社会科学院欧洲研究所研究员，主要研究领域为中东欧转型与欧洲化、波兰转型、中国与中东欧国家关系。

和反俄的外交政策。

关键词： 波兰　政治　经济　外交

一　引言

2015 年波兰举行总统与议会大选，法律与公正党赢得选举。法律与公正党总统和议会选举的双胜利从根本上改变了波兰的政治格局。法律与公正党赢得议会多数席位，这在 1989 年后的波兰政治史上尚属首次。法律与公正党以独特的执政理念改变了波兰的国内政策，调整了外交政策。在 2015 年法律与公正党执政之后，波兰剧变后形成的政治共识已被打破。然而，法律与公正党的执政并未从根本上动摇 1990 年波兰转型后形成的政治经济体制。尽管法律与公正党执政后通过合法方式修改了相关法律，限制了宪法法院、最高法院和普通法院的独立性，但是波兰的多党议会民主制并未改变。尽管法律与公正党执政后加强了对公共媒体的政治控制，但是私营媒体的自由得到保障。尽管法律与公正党的执政方式具有威权特征，但是公民自由得到保障，在野党和非政府组织可自由批评政府，并组织政治集会。反政府示威并未受到阻碍。"巴尔采罗维奇计划"的实施为波兰奠定了市场经济的基础，波兰的经济转轨取得成功。2015 年法律与公正党上台后，通过了雄心勃勃的经济发展计划——"莫拉维茨基计划"。执政党尽管否定了"巴尔采罗维奇计划"，强调国家干预和产业政策，但是并未改变基于市场配置资源的经济体制。莫拉维茨基 2016 年 9 月兼任财政部长时重申，政府是基于自由市场原则，特别是 21 世纪的自由市场原则来发展经济。波兰不会退步到假自由主义和新自由主义，更不会退回到社会主义。

　　法律与公正党上台后推动"良变",重塑波兰政治。法律与公正党主席卡钦斯基对1989年后波兰的政治发展持否定态度,认为1989年之后波兰形成了病态的体制,即"后共产主义"。法律与公正党认为,1990年之后脱离基督教和爱国价值观的腐败的自由派精英损害了波兰的国家利益,因此波兰需要政治上的拨乱反正。法律与公正党上台后开始限制独立机构的作用,取消制衡机制。2016年法律与公正党政府最终"驯服"了宪法法院。2017年法律与公正党实现了对国家司法委员会、最高法院和普通法院的政治控制。2018年法律与公正党政府强制要求最高法院法官提前退休。波兰涉及非政府组织的法律也发生了重大变化。① 一些观察家认为,波兰正在步匈牙利后尘,走向"非自由民主",以威权主义实施治理。波兰国内政治的变化引起欧盟的高度关注,成为波兰与欧盟之间冲突的主要原因。

　　法律与公正党政府的经济政策也有所变化。2016年波兰通过了雄心勃勃的"莫拉维茨基计划"(又称"负责任的发展计划")。法律与公正党政要抨击1990年以来波兰实行的新自由主义的发展模式,莫拉维茨基认为这导致波兰陷入中等收入陷阱、低利润产品的陷阱和依赖性发展的陷阱。"莫拉维茨基计划"是建立在对1990年以来波兰主导的新自由主义发展模式的否定的基础之上的。法律与公正党强调经济爱国主义,强调关键经济部门的"再波兰化",使国家成为推动企业家精神形成、储蓄、投资和创新的力量。尽管法律与公正党的经济政策不乏争议,但是近年来波兰的经济表现良好。

　　乌克兰危机导致波兰的安全环境恶化,波兰需要北约为其提供有效的安全保障。波兰认为,美国在欧洲的军事介入是保持北约集体防务和遏制能力的关键。因此,加强与美国的关系对确保波兰的国家安

---

　　① 参见本书余元玲《波兰非政府组织管理立法及实践》。

全至关重要。2016年北约决定增加在北约东翼国家的军事存在，2017年4月，作为北约行动的重要组成部分，美军驻防波兰。2017年7月美国总统特朗普访问波兰，赞扬波兰兑现了有关防务支出的承诺，为其他北约成员国树立了榜样。特朗普总统在华沙发表演说，其基调呼应了波兰执政党的理念。2018年9月，波兰总统杜达访问美国，向特朗普总统表示波兰希望美国在波建立永久军事基地，并愿出资20多亿美元。波美两国有意加强双边的防务、能源和商业合作。

自2015年以来，波兰的内外环境发生了很大变化，英国脱欧和特朗普当选美国总统预示着国际秩序的深刻变化。2019年和2020年波兰进入了新的政治周期，2019年的议会选举结果和2020年的总统选举结果将决定波兰未来四到五年的发展走向。

二 法律与公正党执政地位稳固，政治撕裂没有根本改变

2019年是波兰的大选年。波兰主要政治力量积极投身于竞选，以期在议会选举中取得满意的结果。法律与公正党期望继续保持执政地位，以公民纲领党为代表的在野党则希望赢得大选，以取代法律与公正党。2019年10月举行的议会选举的结果对波兰政治的发展走向具有重大影响。2020年波兰举行了总统选举。

1. 2019年以来波兰政治呈现以下特点

第一，选举政治成为波兰政治的核心。2019年为波兰的大选年：5月波兰举行了欧洲议会选举，10月波兰举行了国内议会选举。5月举行的欧洲议会选举尽管对波兰国内政治的影响不大，但是选举结果体现了选民的投票倾向，是观察波兰政治的风向标。法律与公正党得票率为45.38%，公民纲领党、波兰人民党、民主左翼联盟、现代党和绿党组成的"欧洲联盟"得票率为38.47%，春天党得票率为

6.06%，自由与独立同盟获得4.55%的选票，库奇兹15获得3.69%的选票，左翼在一起联盟（在一起党、劳动党和社会正义运动）获得1.24%的选票，波兰公平竞争党获得0.54%的选票，其他政党获得0.07%的选票。波兰共有51个欧洲议会议席。法律与公正党获得26个议席，"欧洲联盟"获得22个议席，春天党获得3个议席。法律与公正党属于欧洲议会保守党党团，"欧洲联盟"选出的议员中有17人属于欧洲人民党党团，有5人属于欧洲社会民主党党团。春天党属于欧洲社会民主党党团。欧洲议会选举的结果表明，法律与公正党在选举中占有明显优势。10月举行的议会选举结果在很大程度上决定了波兰的内政外交走向。

第二，政局总体保持稳定，但出现了格但斯克市长被杀的恶性案件。2019年波兰政局基本稳定，尽管执政党法律与公正党丑闻不断，但未影响政府的稳定。围绕选举的政治竞争在法治框架内进行。无论是欧洲议会选举，还是波兰国内议会选举，均顺利举行。2019年1月14日，深受民众喜爱的格但斯克市长阿达莫维奇遇刺身亡，震惊波兰。阿达莫维奇对移民、同性恋者等群体的宽容态度使他成为右翼极端民族主义分子的眼中钉，他在遇刺之前曾多次受到死亡威胁。在野党指责执政党制造了敌意和不宽容的社会氛围。

第三，新的政治力量涌现。2019年2月，斯乌普斯克前市长、前议员罗伯特·别德罗恩组建春天党。春天党提出如下主张：实行完全的政教分离，取消神职人员的税收特权，以英语取代公立学校的宗教课程；支持同性恋、双性恋和变性者群体（LGBT）和妇女权利；主张在富裕的大城市和贫穷的小城市及农村之间进行经济的再分配；公民最低养老金至少每月1600兹罗提；支持孕妇在怀孕12周之前的堕胎权。别德罗恩认为现在的波兰政治领导人就像生活在中世纪，波兰需要21世纪的政治家。春天党的成立为波兰政坛带来一股清新之风，春天党被视为代表进步之声，是波兰左翼的希望。同月，议员米

罗斯瓦夫·皮奥特罗夫斯基成立真正的欧洲运动—基督欧洲（Ruch Prawdziwa Europa-Europa Christi），主张在欧洲重建基督教思想。① 米罗斯瓦夫·皮奥特罗夫斯基为波兰极端保守的天主教神父雷齐克的盟友，为玛利亚电台的撰稿人。波兰一些媒体称该党为雷齐克党，而雷齐克否认与该党有任何联系。皮奥特罗夫斯基希望该党吸引那些对法律与公正党失望的右翼选民。真正的欧洲运动—基督欧洲推进其保守的民族主义议程，试图在波兰政治舞台上找到其位置。

第四，政治力量重组。为了争取有利的选举结果，主要的政治力量进行了重组。为参加欧洲议会选举，公民纲领党、波兰人民党、民主左翼联盟、现代党和绿党组建"欧洲联盟"（Koalicja Europejska）选举联盟。为参加议会选举，公民纲领党、现代党、绿党组成公民联盟。2015 年左翼组建选举联盟，但未能获得 8% 的选票。2019 年左翼政党民主左翼联盟、在一起党和春天党组成准联盟"左翼"，以民主左翼联盟一党的名义参与竞选。波兰人民党与民族主义和民粹主义的库奇兹 15 合作，库奇兹 15 以波兰人民党的名义参与竞选。激进右翼政党共和国复兴联盟—自由与希望和民族运动已经注册为一个政党，即自由与独立同盟。法律与公正党沿用 2015 年的模式，与波兰团结党和波兰协议党两个右翼小党合作，以一个政党的名义参与选举，以期在议会选举中获得绝对多数。

2. 选举与政治格局的变化

2019 年 10 月 13 日，波兰举行议会选举。2019 年众议院选举投票率为 61.75%，在 3025 万选民中有 1868 万选民参加投票。选民投票率为波兰剧变 30 年来最高，这充分体现了选民参与选举的热情较高，波兰各派政治力量对选民的动员都充分发挥了作用。2020 年 6

---

① "Deklaracja Ruchu Prawdziwa Europa", https：//rpeu. pl/wp - content/uploads/ 2019/03/deklaracja - RPEU. pdf.

月28日和7月12日，波兰举行了总统选举。①

从议会选举的结果看，波兰的政治格局发生了如下变化。

（1）法律与公正党继续执政，但其政治优势有所丧失。根据波兰国家选举委员会统计的选举结果，在2019年众议院选举中，法律与公正党赢得了43.59%的选票，获得了235个议席，占众议院议席的51.09%，可以有效控制众议院。在波兰第三共和国的政治史上，尚无任何政党获得如此之高的得票率。②法律与公正党是波兰剧变后第一个连续赢得议会选举多数席位的政党。2015年法律与公正党在380个县中赢得了300个县，而在2019年法律与公正党赢得了全部380个县。法律与公正党继续执政。与其他政党或政党联盟相比，法律与公正党具有明显的政治优势。法律与公正党尽管在参议院选举中获得了44.45%的选票，共获得议席48席，但未能获得参议院过半数议席。在野党和独立候选人共获得52个议席。法律与公正党失去了对参议院的控制。在2015年议会选举中，法律与公正党控制了众议院和参议院。与2015年相比，法律与公正党的政治优势有所丧失。卡钦斯基在法律与公正党赢得选举胜利后发表讲话，称"我们获得很多，但是我们应该获得更多"。"为了我们的信誉，我们需要确保在波兰无人怀疑我们所做的一切是好的、现实的和负责任的。"③

（2）公民纲领党主导的公民联盟为仅次于法律与公正党的政治力量。公民联盟获得了众议院27.40%的选票，获得134个议席。而在2015年议会选举中，公民纲领党获得24.09%的选票，现代党获

---

① 参见本书魏艳、Jacek Wojnicki《2019~2020年波兰议会及总统选举》。

② Tomasz Grzegorz Grosse, "Poland's 2019 Parliamentary Election", https://warsawinstitute.org/wp-content/uploads/2019/11/Polands-2019-Parliamentary-Election-Warsaw-Institute-report.pdf.

③ "PiS Leader Victory Speech", *Warsaw Voice*, October 2019.

得 7.60% 的选票。2019 年公民联盟的得票率事实上没有超过 2015 年公民纲领党与现代党得票率的总和，这表明波兰自由派的力量没有增强。公民纲领党未能实现其政治目标，未能有效挑战法律与公正党的执政地位。在参议院选举中，公民联盟得票率为 35.66%，获得 43 个议席，仅次于法律与公正党。在其他在野党的支持下，公民纲领党政治家格罗兹基当选参议院议长，公民纲领党在参议院的影响力有所上升。

（3）左翼政党重返议会，波兰议会又有了左翼声音。在 2015 年议会选举中，左翼政党民主左翼联盟、波兰社会党、你们的运动党、劳动联盟和绿党组成了被称为"统一左翼"的选举联盟。统一左翼在众议院选举中获得了 7.55% 的选票，未能超过政党联盟进入议会须获得 8% 的选票的门槛。2019 年由左翼政党民主左翼联盟、在一起党和春天党组成的准联盟以民主左翼联盟的名义参选，得票率为 10.65%，获得 49 个议席。这是左翼政党缺席议会四年后重返议会，波兰议会又有了左翼的声音。左翼政党之所以能够重返议会，得益于三个不同理念左翼政党的联合。尽管左翼政党重归议会，但是在波兰加入欧盟后左翼政党一蹶不振的局面并没有根本改变，左翼政党的复兴尚有漫长的路要走。

（4）波兰人民党和库奇兹 15 均进入议会，但是其政治影响力均有所下降。从表面上看，波兰人民党得票率创下新高。在 2019 年的众议院选举中，波兰人民党得票率为 8.55%，获得 30 个议席。这是波兰人民党在近 26 年间取得的最好的选举结果。事实上，这是波兰人民党与库奇兹 15 联合的产物。2015 年波兰人民党在众议院选举中的得票率为 5.13%，获得 16 个议席。库奇兹 15 赢得 8.81% 的选票，获得 42 个议席。与 2015 年相比，波兰人民党与库奇兹 15 均为输家。

（5）极右的自由与独立同盟影响力有所上升。在本届议会选举中，激进右翼政党共和国复兴联盟—自由与希望和民族运动已经注册为一个政党，即自由与独立同盟并参选。在本次众议院选举中，自由与独立同盟得票率为 6.81%，获得 11 个议席。而在 2015 年，共和国复兴联盟—自由与希望（科尔文党）未能进入议会。自由与独立同盟正在同法律与公正党争夺右翼选民。该党为极右的民族主义者、自由派、保守派和亲基督教的政党组成的联盟。核心人物为资深政治家科尔文·米克凯。该党疑欧、亲俄，反对美国增加在波军事存在，主张恢复死刑，放开武器执照管制，减少来自非欧盟国家的移民。该党的反欧盟、反犹、反穆斯林和反 LGTB 的立场吸引了部分选民的关注，其影响力正在上升。

在 2020 年的总统选举中，法律与公正党候选人、现任总统杜达战胜公民纲领党候选人恰斯科夫斯基，赢得总统选举的胜利。杜达连任进一步加强了法律与公正党的地位。然而，波兰政治撕裂的状况没有根本改变。议会选举结果表明，波兰社会撕裂的局面仍在继续。从众议院选举结果看，有 800 万选民支持法律与公正党，890 万选民反对法律与公正党。右翼与左翼自由派之间的对立仍在持续，选举极化将许多年轻选民推向左翼和极右的自由与独立同盟。① 自 2005 年起波兰政治的主基调为"保守波兰"与"自由波兰"之争。2020 年杜达仅以微弱优势战胜恰斯科夫斯基，表明"保守波兰"与"自由波兰"的支持者势均力敌。

3. 波兰议会和总统选举的影响

法律与公正党之所以能够赢得议会选举和总统选举胜利，一方面在于法律与公正党能够兑现选举承诺，实行被前任政府忽视的社会福

---

① Tomasz Grzegorz Grosse, " Poland's 2019 Parliamentary Election ", https：// warsawinstitute. org/wp－content/uploads/2019/11/Polands－2019－Parliamentary－Election－Warsaw－Institute－report. pdf.

利项目，使社会福利惠及弱势群体和转型的受损者；另一方面在于在野党未能提出可以吸引选民的切实可行的政治纲领，如主要的在野党自2015年以来未产生新的政治家，未提出能够吸引选民的政纲。自2015年以来，波兰的基尼系数降至28%之下，收入不平等水平与丹麦持平，低于欧盟平均水平，低于法国、德国和意大利的水平。执政三年间波兰有200万人摆脱贫困。

波兰议会选举和总统选举的结果对波兰政治的影响主要体现在如下几个方面。

第一，法律与公正党继续执政，但是推进其政策议程将面临障碍。议会选举结果表明，法律与公正党赢得众议院选举的胜利，继续执政。法律与公正党将会继续推进2015年11月之后启动的"良变"议程，但是由于法律与公正党失去了对参议院的控制，其立法将在参议院面临障碍。由于法律与公正党获得了众议院的多数席位，在众议院通过执政党提出的法案没有任何障碍。然而，相关法案在参议院将面临障碍，参议院审议法案的时间可达30天。在野党有机会阻挠法律与公正党提出的议案的通过。

第二，法律与公正党的继续执政意味着政府将保持政策的连续性。法律与公正党为右翼民族民粹主义政党。其政纲基于以下四个支柱：反共、根植于基督教的保守主义、基于集体利益优于个人权利的团结、拒绝新自由主义原则的经济干预主义。2015年11月法律与公正党执政以来，积极推动被称为"良变"的政策议程。政治上，法律与公正党政府推动司法改革，限制宪法法院、最高法院和普通法院的独立性，加强对司法的政治控制。经济上，法律与公正党政府强调国家干预，关注分配问题，致力于建立福利国家。法律与公正党政府通过了"负责任的发展计划"，该计划基于五个支柱：再工业化、发展创新公司、吸引用于发展的资本、关注出口和企业对外拓展以及平衡的社会和区域发展。波兰总理莫拉维茨基认为："我们的目的是建立现代的、创新的和出口导向的经济。我们并不信奉国家主义,但我们认为国家在促进经济现代化的过程中可发挥其作用。"① 法律与公正党执政后兑现选举承诺,推行儿童补贴项目——"500 + 计划"(向多子女家庭的两个以上的孩子每月提供 500 兹罗提的补贴),降低退休年龄,提高养老金,提高最低工资标准。出于选举的需要,2019 年波兰政府出台了新的福利措施,为每一个儿童提供儿童补贴,向退休者提供第 13 个月和第 14 个月的退休金,提高最低工资标准,对 26 岁以下的年轻人免征个人所得税。法律与公正党政府的福利政策的确使转型的落伍者获得了实际的收益,福利政策的受益者无疑成为法律与公正党的支持者,这有助于法律与公正党赢得选举胜利。

第三,法律与公正党政府的政策方向更加明确。2019 年法律与公正党公布题为《波兰的福利国家模式》的竞选纲领,篇幅长达 232 页。法律与公正党承诺要提高最低工资标准,2020 年最低工资标准提高到 2600 兹罗提,2021 年提高到 3000 兹罗提,2023 年提高到 4000 兹罗提。该党承诺将最低退休金从 1100 兹罗提提高到 1200 兹罗提,向退休者发放第 13 个月和第 14 个月的退休金,继续保持女子 60 岁、男子 65 岁的欧盟内部最低的退休年龄。法律与公正党强调要发展波兰资本参与的出口型的创新型经济,计划到 2023 年人均国内生产总值超过葡萄牙,到 2030 年达到欧盟平均水平的至少 85%。②

法律与公正党再次赢得议会选举和总统选举意味着波兰将保持政策的连续性。波兰政府将会继续进行欧盟关注的有争议的司法改革,政府的经济政策的主要方向保持不变,政府将致力于建立福利国家。2020 年杜达总统成功连任对执政的法律与公正党而言是一个好消息,

---

① Mateusz Morawiecki, "The Polish Case for Less Economic Liberalism", http://www.politico.eu/article/the-polish-case-for-economic-illiberalism-stability-development/.

② Prawa i Sprawiedliwość, "Polski Model Państwa Dobrobytu", 2019.

这意味着法律与公正党政府推动其政治议程在总统府方面不会遇到任何障碍。在法律与公正党赢得了 2019 年议会选举和 2020 年总统选举后，波兰政治走向更具确定性，法律与公正党塑造政治的能力会进一步提高。

2020 年波兰政府的主要任务是应对新冠肺炎疫情带来的社会经济挑战。2 月，杜达总统不顾欧盟反对，签署了政府制定的关于严厉阻止法官质疑执政阵营司法改革合法性的法案。围绕总统选举执政联盟与在野党争斗不断，最终波兰顺利举行总统选举，法律与公正党候选人杜达以微弱多数击败公民纲领党候选人恰斯科夫斯基，连任总统。法律与公正党在波兰的政治地位得到了进一步巩固，波兰将继续保持政治稳定，政府的政策将保持连续性。与此同时，波兰政治力量重组的步伐加快。9 月 25 日，以华沙市长、公民纲领党政治家恰斯科夫斯基的名字命名的基金会注册成立。恰斯科夫斯基基金会设立的目的是弥合社会分化，促进不同社会和政治团体的对话、整合和合作，支持弱势、受排斥和被遗忘的群体，改变波兰政治的运作方式，推动波兰政党竞争的民主机制更加开放和透明。10 月 17 日，恰斯科夫斯基宣布成立新社会运动"共同波兰运动"。执政联盟内部的分歧导致法律与公正党主席卡钦斯基从幕后走向台前，10 月 6 日，波兰政府进行改组，卡钦斯基担任副总理，主管国防、内务、司法和外交部门。10 月 22 日，波兰宪法法院做出一项禁止堕胎的裁决。① 该项收紧堕胎法的裁决在波兰妇女中引起强烈反响，年轻女性不顾政府的防疫禁令，纷纷走上街头抗议，波兰出现了剧变后规模最大的社会抗议。②

---

① 宪法法院裁定，以严重的不可逆的胚胎缺陷以及威胁生命的不可治愈的疾病为由堕胎违反宪法。

② 孔田平：《波兰抗议政治的回归》，《世界知识》2020 年第 23 期。

三　经济从增长走向衰退，疫情严重冲击经济

自1992年摆脱"转轨衰退"到2019年，波兰保持了经济的持续增长，成为中东欧国家中经济增长纪录最好的国家。2009年全球经济受到国际金融危机的冲击，欧洲经济一片萧条，波兰仍保持了经济的正增长。由于宏观经济稳定，劳动力成本较低，加之接近欧洲主要市场，波兰成为最具吸引力的投资目的地之一。

1. 经济政策走向

2015年11月法律与公正党上台之后，其经济政策的重点为扩大社会福利，减少社会不平等，实行经济民族主义。法律与公正党上台后，兑现竞选承诺，增加家庭福利，提高最低工资标准，降低退休年龄，启动战略经济部门"再波兰化"计划。2019年2月，波兰政府实施一揽子的经济刺激措施，包括提高养老金，增加儿童福利，取消26岁以下青年人的个人所得税。3月，政府给予至少生育过4个孩子的妇女特别养老权利，符合条件的妇女可获得最低养老金。7月，波兰政府决定将儿童福利计划——"500＋计划"扩大到每一个儿童。同年11月，波兰政府设立政府人口政策全权代表职位，其职责为制定国家的人口战略，以提高生育率，推广传统的家庭模式。2019年波兰政府着手进行养老体制改革。2019年波兰政府提出预算收支平衡的目标，实行稳健的财政政策和货币政策。

2020年由于新冠肺炎疫情的发生，波兰经济受到严重冲击。新冠肺炎疫情的流行以及抗疫措施的实施导致波兰经济和社会生活陷入停顿，波兰经济遭受非同寻常的冲击。波兰出台了被称为"反危机之盾"的一揽子措施，以缓解疫情对经济和社会造成的影响。2020年波兰政府经济政策的重心是应对新冠肺炎疫情对经济产生的影响，

保企业、保就业成为政府经济政策的重点。为应对新冠肺炎疫情，波兰政府实行大规模的财政刺激计划。波兰财政刺激规模超过国内生产总值的13%，在中东欧地区仅次于捷克（捷克财政刺激规模为国内生产总值的21%）。直接的财政刺激规模占国内生产总值的7.7%。其他的财政刺激措施为贷款和贷款担保。为缓解新冠肺炎疫情对经济的影响，波兰实行宽松的货币政策。2020年政府应对新冠肺炎疫情的支出为3000亿兹罗提，其中用于支持企业的资金为1500亿兹罗提。

2. 宏观经济走势

2019年波兰经济增长4.7%，在欧盟成员国中表现突出，其经济增长率高于绝大多数欧盟老成员国和位于中东欧的欧盟新成员国。波兰经济强劲增长的主要驱动力量为内需的增长。得益于法律与公正党慷慨的社会政策，波兰家庭收入得到增长，家庭可支配收入的增长推动了家庭消费的增长。有利的劳动力市场状况、社会转移支付的增加以及个人所得税的降低有助于推动家庭消费的增加。消费信贷的增长也有助于推动消费的增加。投资的增加，包括私人投资以及欧盟基金支持的公共投资的增加有助于推动经济的增长。在全球和欧盟贸易走弱的背景下，波兰的出口表现良好。波兰通货膨胀率保持在较低水平。2019年消费者价格指数上涨2.3%，低于波兰国家银行设定的通货膨胀目标。劳动力市场形势得到改善。根据波兰中央统计局的数据，波兰注册失业人数从2015年的1563万下降到2019年的86.6万。2019年波兰失业率降至转轨以来历史新低，2019年12月失业率仅为5.2%。波兰的失业率低于欧盟的平均水平，波兰是欧盟成员国中失业率最低的国家之一。降低退休年龄导致劳动力参与率的下降，"500＋计划"导致10万妇女离开劳动力市场。劳动力短缺成为棘手问题。2016～2019年有200万乌克兰人流入波兰，填补了一些部门低技能劳动力的短缺。2019年政府总赤字占国内生产总值的0.7%，比 2018 年略有上升。自 2017 年起，政府的债务水平持续下降，政府总债务占国内生产总值的比重从 2016 年的 54.3% 下降到 2019 年的 46%。2019 年波兰外贸保持增长，其中出口额为 10236 亿兹罗提（约合 2671 亿美元），进口额为 10185 亿兹罗提（约合 2658 亿美元），实现贸易盈余 51 亿兹罗提（约合 13 亿美元）。2019 年波兰吸引外国直接投资 416.7 亿兹罗提（约合 108.5 亿美元），与 2018 年相比下降了 28%。

自 1992 年起至 2020 年，波兰从未经历过连续两个季度的经济萎缩。2020 年波兰经济出现衰退，结束了自 1992 年起经济连续增长的历史。2020 年除第三季度外，波兰所有季度实际国内生产总值同比均出现下降。2020 年波兰的经济衰退是疫情导致的经济衰退，不同于一般意义的经济危机。受新冠肺炎疫情的影响，2020 年波兰经济遭受重挫。2020 年波兰国内需求下降 3.7%，最终消费支出下降 2.3%，其中家庭消费支出下降 3%，政府消费支出增长 4.4%。资本构成总额下降 12.9%，其中固定资产构成总额下降 9.6%。由于私人消费支出下降和固定资产投资下降，波兰经济增长动力不足。2021 年 4 月，波兰中央统计局最终确认 2020 年波兰国内生产总值下降 2.7%。2020 年是波兰自摆脱"转轨衰退"后经济表现最差的一年，然而与欧元区相比，波兰国内生产总值下降的幅度并不大。2020 年波兰的通货膨胀率为 3.4%，比 2019 年略有上升。与 2019 年相比，2020 年波兰劳动力市场的形势有所恶化，12 月失业率为 6.2%。2020 年底，波兰注册失业人数为 104.6 万。由于实行财政刺激措施，2020 年政府预算赤字有所增加，预算赤字上升到占国内生产总值的 7%，政府债务增加到占国内生产总值的 57.5%。2020 年波兰商品出口增长 0.3%，出口增幅比前几年大幅度下降。商品进口下降 4.8%，进口下降在 2013 年以来尚属首次。尽管波兰经济遭受了疫情的冲击，但波兰经济的韧性仍在，具备缓解外部和国内需求下降的财政和货币

的空间。虽然受到疫情的冲击，波兰仍为有吸引力的投资目的地之一。

四 继续亲美、疑欧、反俄的外交政策，力图提升波兰国际地位

由于法律与公正党赢得了2019年的议会选举和2020年的总统选举的胜利，波兰外交政策将保持连续性。法律与公正党的外交政策的重点是维护国家主权，而不是深化欧洲一体化；防范俄罗斯，促进地区安全；重新定向对美关系。波兰延续了疑欧、亲美和反俄的外交政策。在对欧盟的关系上，波兰政府在与法德寻求缓和紧张关系的同时，加强与中小成员国的联合，提升与欧盟机构讨价还价的能力；在对美关系上，波兰极力强化与美国的军事同盟和能源合作，不惜为此加深与法德的分歧，恶化与俄罗斯的关系；在对俄关系上，波兰将俄罗斯视为首要的安全威胁并在历史问题上对俄进行攻击，在依靠美国和北约加强对俄罗斯的军事威慑的同时，摆脱对俄罗斯的能源依赖。①

1. 法律与公正党执政后波兰与欧盟机构的关系并不融洽

波兰国内的政治变局，特别是法律与公正党政府进行的司法改革，令欧盟非常不安。欧盟认为波兰政府的改革措施将取消行政与司法的制衡，动摇法治，违反了欧盟条约。欧盟委员会对波兰内政的干预导致波兰与欧盟关系紧张。波兰与欧盟的冲突不仅体现在波兰的国内政治上，而且体现在欧盟的移民政策以及欧盟的未来发展方向上。波兰与匈牙利等国反对欧盟的移民分配方案，而欧盟认为波兰等国的态度削弱了欧盟内部的团结。在关于欧盟的理念上，波兰反对欧盟机构的集权，呼吁欧盟将更多权力还给成员国。在关于欧盟未来的讨论

---

① 参见本书戴轶尘《2019～2020年波兰与大国的关系及外交动态》。

中，波兰坚决反对多速欧盟的方案。2019 年波兰与欧盟围绕法治的
争议没有消停。2019 年 6 月，欧洲法院维持就波兰强制最高法院法
官退休做出的临时裁决，认为波兰的这一做法威胁司法独立。11 月，
欧洲法院裁决各成员国最高法院有权审查政府在最高法院建立的纪律
分院的独立性。2020 年 1 月，意大利副总理兼内政部长、联盟党党
首马泰奥·萨尔维尼访问波兰，并同法律与公正党主席卡钦斯基举行
会晤。有学者认为，法律与公正党和联盟党在欧洲议会的联盟关系有
可能转化为波兰和意大利在欧盟理事会的合作，并挑战支持欧洲一体
化、法治和自由民主的法德联盟。① 2020 年波兰与欧盟的关系没有改
善。尽管波兰社会对欧盟的认同度很高，但波兰领导人称欧盟对波兰
实行"政治奴役"。波兰强烈反对欧盟把预算与成员国法治挂钩。
2020 年 11 月 16 日，波兰与匈牙利一道否决了欧盟 2021~2027 年预
算案和复苏基金方案，12 月 10 日欧盟领导人就德国提出的妥协方案
达成协议，欧盟的多年度预算案和复苏基金方案获得通过，但是欧盟
与波兰和匈牙利的法治之争未得到根本解决。

2. 波兰继续奉行亲美的外交政策，波美关系取得突破

乌克兰危机后，波兰的安全焦虑加剧，迫切要求美国增加在波的
军事存在。2019 年 2 月，波兰主办中东会议，美国副总统彭斯和国
务卿蓬佩奥出席。同月，12 个美国驻欧盟国家的大使聚首华沙，讨
论如何支持波兰主推的三海倡议。6 月，波兰总统杜达与美国总统特
朗普签署《美军在波兰领土部署防务合作联合声明》，美国计划将在
波驻军人数增加 1000 人，波兰决定购买 32 架 F－35 战斗机。波美还
签署了民用核能协定和波方购买美国液化天然气协定。9 月，在联合

---

① Adam Balcer, "Will Poland Be an Enfant Terrible of the Post-Brexit EU?" https：//
ecfr. eu/article/commentary_ will_ poland_ be_ an_ enfant_ terrible_ of_ the_
post_ brexit_ eu/.

国大会期间波美两国总统签署《深化波美军事合作的联合声明》，波美就美军部署的地点达成协议。9月2日，美国副总统彭斯出席二战爆发80周年纪念活动，波美签署了5G技术联合声明。11月6日，美国总统特朗普签署文件，授权波兰加入免签计划。历届波兰政府努力争取波兰公民免签访美的目标终于得以实现。2020年波美合作得到进一步加强。6月24日，波兰总统杜达在总统选举前夕访问美国，成为新冠肺炎疫情发生后首位访问美国的外国领导人。8月15日，美国国务卿蓬佩奥访问波兰，与波兰国防部长布瓦什查克签署增强防务合作协定。波兰对美外交政策体现了波兰作为一个主权国家从历史、现实出发追求国家利益，防范俄罗斯威胁，平衡德国在欧盟中的影响力，追求国家安全的目的；同时，波兰对美政策也是发展本国经济，增强经济实力，提高国家影响力，追求地区大国地位，打造国家形象，对美国经济、能源等领域的依赖程度不断加深，积极寻求美国支持的结果。①

3. 波俄关系没有改善

法律与公正党政府对俄罗斯在2010年斯摩棱斯克空难的调查上未与波方合作心存不满。乌克兰危机后，波兰视俄罗斯为最大的安全威胁，积极寻求美国增加在波军事存在。基于历史原因，波兰社会弥漫着俄罗斯威胁论。杜达总统的外交政策顾问强调波兰对俄外交回旋余地很小。2019年6月，俄罗斯联邦议会上院国际事务委员会副主席宣称针对美国在波的军事部署，俄罗斯将采取报复性行动。一旦发生冲突，波兰将成为报复性打击的明确目标。12月，俄罗斯总统普京指责波兰对第二次世界大战负有部分责任，波兰总理莫拉维茨基予以反驳，波兰召见俄罗斯驻波大使表示抗议。波兰强烈反对德俄的"北溪－2"天然气管道项目也使莫斯科不悦。2020年波俄关系继续

① 参见本书向扬《波兰对美国外交政策》。

恶化。波兰情报部门指责俄罗斯对波兰发动信息战，损害波兰的形象和利益。① 俄罗斯反对派人士纳瓦尔内"中毒"事件曝光后，波兰总理莫拉维茨基称俄罗斯为"敌对政权"。白俄罗斯爆发政治危机后，波兰反对俄罗斯干涉白俄罗斯内政，担心"勃列日涅夫主义"复活。

4. 中波关系面临挑战

2016 年中国和波兰建立全面战略伙伴关系标志着中国与波兰关系发展进入新阶段。自 2016 年以来，中波政治互信稳步提升，经济联系不断深入，人文交流逐渐多元，中波经贸关系取得长足发展。2019 年时值中波建交 70 周年，7 月中国外长王毅访问波兰，与波兰外长恰普托维奇举行会晤，并与波兰总理莫拉维茨基和波兰总统杜达会面。会晤传达的信息是波中将致力于建立平衡互惠的经济伙伴关系。2020 年中波双方合作抗击新冠肺炎疫情。2019～2020 年，中国企业中标波兰基础设施建设项目。2020 年中波贸易额首次超过 300 亿美元，波兰贸易逆差仍是波方关切的问题。由于特朗普总统奉行对华对抗战略，波兰对华关系在一定程度上受到美国的影响，这导致波兰限制华为参与波兰 5G 网络建设。2020 年 12 月中欧全面投资协定谈判进入关键时期，波兰明确反对欧盟过早与中国达成全面投资协定，认为欧盟应当与美国进行协商。

结　语

2019 年法律与公正党在议会选举中的连胜和 2020 年杜达在总统选举中的连任进一步加强了法律与公正党的地位，法律与公正党可以

---

① "Disinformation Against Poland in 2020 – Special Services' View", https://www.gov.pl/web/sluzby – specjalne/disinformation – against – poland – in – 2020 – – special – services – view.

继续走 2015 年执政后开启的政治发展之路。法律与公正党失去对参议院的控制使其推动的立法获得通过面临障碍。执政联盟中波兰团结党和波兰协议党两个小党同法律与公正党的政见分歧有可能对执政联盟的稳定产生影响，未来不排除波兰提前举行议会选举的可能性。波兰的政治极化不可能改变，法律与公正党秉持的社会保守主义与自由主义的冲突不会偃旗息鼓，不排除出现新的社会抗议运动。波兰政府将继续关注收入分配问题，矢志于建立波兰式的福利国家。家庭政策在法律与公正党的经济政策中具有特殊地位。波兰政府试图推动经济的"再波兰化"，强调国家对经济的干预。

2020 年新冠肺炎疫情的发生导致波兰经济陷入衰退，结束了自 1992 年开始的经济持续增长的历史。2021 年波兰经济将摆脱衰退，实现增长。法律与公正党的"非自由民主"的政治发展道路导致波兰与欧盟之间的冲突，未来波兰与欧盟围绕法治的冲突仍将持续。波兰尽管不赞同深度的欧洲一体化，但是会在欧盟中尽力争取其利益。波兰特别关注乌克兰和白俄罗斯的局势，将在欧盟的东方政策中发挥其影响力。波兰将进一步改善与法德的关系，同时积极参与维谢格拉德集团、三海倡议和布加勒斯特九国模式等机制。拜登当选美国总统后波美关系会经历一段磨合期，基于美国在欧洲的利益，波兰仍将是美国在欧洲可信赖的盟友。由于波兰所处的地缘政治环境，波兰对美国的战略依赖不会下降。中波关系发展既有挑战，又有机遇。

分 报 告
Topical Reports

B.2
2019～2020年波兰议会及总统选举

魏艳 Jacek Wojnicki*

摘　要：　2019年至2020年，波兰政治极化进一步加剧。为迎接2019年举行的波兰议会选举和2020年举行的总统选举，波兰政治舞台上多支政治力量进行了积极筹备。以法律与公正党为领导的联合右翼联盟继续将解决波兰政治、社会、经济中的一些关键问题纳入其政治纲领，反对联合右翼联盟的政治团体致力于通过建立更广泛的联盟赢得选举。最终联合右翼联盟再次获得议会众议院多数席位，法律与公正党提出的总统候选人杜达也在2020年举行的总统选举中获胜。

* 魏艳，博士，重庆交通大学欧洲研究中心法律法规所所长、副教授，主要从事中国政治制度和欧洲政治制度研究；Jacek Wojnicki，博士，波兰华沙大学政治制度系主任、教授，主要从事国际政治研究。

关键词： 波兰 政治倾向 议会选举 总统选举

2019 年至 2020 年，波兰公众对波兰政治集团的态度呈现三极分化。一些选民支持联合右翼联盟，该联盟自 2015 年 10 月在选举中获得压倒性胜利以来一直执政。它目前由波兰政治舞台上占主导地位的法律与公正党和波兰团结党及波兰协议党组成。一些选民支持反政府的反对派联盟——公民联盟，公民联盟主要由三个政党组成，它们分别是公民纲领党、民主左翼联盟和波兰人民党。此外，还有三分之一的选民仍然同执政阵营以及反政府的反对派保持距离。[①]

一　波兰选举前各政治团体的主要动向

（一）联合右翼联盟的政治主张

执政的联合右翼联盟将解决波兰政治、社会、经济中的几个关键问题纳入其政治议程。第一个关键问题是强调必须结束后共产主义变革时期。联合右翼联盟指出，受共产主义制度影响的人员在波兰行政、外交、媒体和经济等领域仍然持续发挥影响。为此，自 2015 年 10 月选举获胜以来，新的执政联盟一直要求建立全新的波兰政治经济制度。第二个关键问题是调整波兰外交战略，重点致力于与北美（主要是美国）结盟，在中欧和东欧建立区域集团（维谢格拉德集

---

① K. Kowalczyk, "Typology of Polish Political Parties According to the Programme Ecriterion", *Central European Political Studies*, No. 1, 2014, pp. 73 – 100; H. Suchocka, "Shape of the Political Scene in Poland During the Period of Political Transformation", *Toruń Polish-Italian Studies*, Vol. XII, 2016, pp. 9 – 25.

团），同时推动波罗的海、亚得里亚海和黑海沿岸国家实施加强地区国家间贸易、基础设施、能源和政治合作的"三海合作"倡议。第三个关键问题则侧重于解决波兰内部的社会经济问题，即积极解决自1989年社会主义经济崩溃以及向市场化转型以来所形成的成本问题。对此，有人提出应采取一些积极的社会政策，例如养育子女的津贴数额应提升至500兹罗提，提高最低养老金标准，为最贫穷的养老金领取者再额外发放第13个月和第14个月的养老金。在外交政策方面，针对欧盟联邦化及其向超级国家转变，欧盟各成员国分歧尤为突出。戴高乐（Charles de Gaulle）的法国政治旧观念——"祖国的欧洲"（Europe of The Homeland）——得到了明确提倡。这一概念在2019年2月英国脱欧前再次被采纳利用，并得到了英国及英国政客的积极支持。无论这些政客是工党的还是执政的保守党的，也无论这些政客的政治选择如何，他们都积极支持这一概念。该概念强调主权国家在诸如同性婚姻、未出生的孩子保护等道德问题上拥有绝对主权。由于提出上述主张，联合右翼联盟在2015年秋季的议会选举中赢得了37.5%以上的选票并因此获胜，从而在波兰众议院460个席位中获得了235个席位，赢得绝对多数。值得强调的是，这种绝对性胜利也是波兰自1989年开始实施民主化之后政治史上值得浓墨重彩描绘的第一次。①

（二）波兰各政治团体应对欧洲议会选举的具体举措

欧洲议会选举于2019年春季举行。波兰各政治团体将其视为秋

---

① 参见 Dorota Kowalska，*Time for Good Change. This Is How the Revolution Is Born*，Publishing House Melanż，Warsaw 2018；Michai Sutarski，*A Year of Good Change*，Publisher of Political Criticism，Warsaw 2017；M. Gdula，*New Authoritarianism*，Political Criticism Publishing House，Warsaw 2018；D. Sieklucki，"Elections 2015 in Poland-analysis from the Perspective of the Evolution of the Party System"，*Atheneum Polish Political Review*，Vol. 57，2018，pp. 20 – 23。

季国内议会选举前的一次全面考验。反对执政的联合右翼联盟的政治团体致力于建立一个广泛的选举前联盟，选举前联盟将最重要的中左翼政治团体——公民纲领党、民主左翼联盟、波兰人民党，以及较小的政党——现代党和绿党聚集起来，并命名为"欧洲联盟"（Koalicja Europejska）。欧洲议会竞选的主要目的是解决统治阵营的反民主倾向问题，这些反民主倾向包括以下行为：通过引进新法官来"摧毁"宪法法院和最高法院，限制地方政府的政治权力和财政权，压制公共媒体的单方面宣传，约束国家行政机构和国有公司（欧盟委员会的表述）以及存在的一些道德问题（保持天主教传统道德的现状），此外还有对政府的社会和经济政策的积极看法（联合右翼的叙述）。选举结果令政治争端双方都感到惊讶。这是自 2004 年波兰加入欧盟以来，联合右翼联盟在欧洲议会选举中首次获得接近 46% 的选票，并赢得 26 个席位，从而获得了决定性的胜利。而欧洲联盟获得超过 38% 的选票，并赢得 22 个席位。其他中左翼政党获得了 6% 的选票并因此赢得了欧洲议会中 3 个席位。[①]

（三）欧洲议会选举结果对各政治团体的影响

欧洲议会选举的结果让执政的联合右翼联盟的政治家们乐观了起来，欧洲联盟的政治家也掀起了选举后的热潮。为秋季国内议会竞选而准备的两项战略方案被欧洲联盟的政治家们公开讨论。公民纲领党的政治家坚持第一项战略方案，即维持现有的广泛联盟，以参加下一

---

① T. Marcinkowski, "Elections to the European Parliament in 2019 in Poland-social Context and Analysis of Election Proposals", *Studies Politicae Universitatis Silesiensis*, Vol. 31, 2020, pp. 7 – 28 and Elections 2019; What Tempts Us Are the Parties before the European Elections. Election Programs of PiS, "Civic Coalition and Spring Party", *Poland The Times*, March 2019, https: //polskatimes. pl/wybory – 2019 – czym – kusza – nas – partie – przed – wyborami – europejskimi – programy – wyborcze – pis – koalicji – obywatelskiej – i – partii – wiosna/ar/c1 – 14006565.

次议会选举和总统选举。相反，波兰人民党的政治家们则借他们的领导人——弗拉迪斯拉夫·科西尼亚克·卡米什（Władysław Kosiniak-Kamysz）之口宣称，迄今为止，该联盟的范围太广，没有将该联盟内各党派——如民主左翼联盟或波兰农民党——的所有选民都囊括进来，因此，该联盟需要一个更左翼的联盟和政治上中立的联盟来进行互补。另外，民主左翼联盟在这场争端中看到了上述两种方案的优点和缺点，所以并没有采取任何肯定的立场。最后，波兰农民党的活跃分子发起了一场党内公投，并决定组建波兰联盟，将波兰农民党、欧洲民主联盟（EUD）等较小政党团体聚集在一起。鉴于这一事态的发展情况，左翼政治家们决定成立一个由民主左翼联盟、春天党和在一起党共同组成的准联盟。上述情况引发的结果是，公民纲领党、现代党以及波兰协议党（左翼团体）组成了一个联盟。①

二 波兰议会选举及结果

波兰议会选举于 2019 年 10 月举行。这场选举主要围绕以公民纲领党为中心的公民联盟和执政的联合右翼联盟提出的候选人展开。最初，反对派公民纲领党提出的总理候选人是该党的领导人格热戈兹·沙蒂纳（Grzegorz Schetyna）。然而民意调查显示，如推出该候选人，公民联盟在 2019 年 10 月的议会选举中获胜机会不大。受民意调查的影响，公民纲领党决定另外推选候选人。随后公民联盟宣布马戈尔扎塔·基达瓦－博恩斯卡（Małgorzata Kidawa-Błońska）女士为总理候选

---

① B. Biskup，"Portrait of Voters AD 2019. Changes in Preferences of Party Electorates in Poland"，*Political Studies*，Vol. 55，2020，pp. 290 – 308；Andrzej Rychard，"The Opposition Needs a Deep Reset"，*Poland The Times*，June 2019，https：// plus. polskatimes. pl/andrzej – rychard – opozycja – potrzebuje – glebokiego – resetu/ ar/c1 – 14191743.

人。这一决定主要建立在政治上的"新鲜感效应",即在关键职位上选民广泛要求新面孔,同时也建立在人们一般认为女人能够在政治上表现更温和及美丽的印象上。与此同时,执政的联合右翼联盟仍然推选自2017年12月以来担任总理的马泰乌什·莫拉维茨基(Mateusz Morawiecki)作为其总理候选人。①

波兰议会选举结果尽管没有改变波兰的执政体制,但还是相当令人惊讶。虽然以法律与公正党为核心的联合右翼联盟再次获得多数选票,但是选举结果离执政联盟政客们公开宣称的期望的结果还是差很多。执政的联合右翼联盟再次控制了众议院235个席位,而由波兰团结党和波兰协议党组成的联盟则赢得了18个席位,这大大巩固了它们的执政地位。主要反对联盟——公民联盟的支持率比4年前略低(算上当时公民纲领党和现代党的总票数)。左翼政党在缺席议会4年后重新返回议会。此次,有49名左翼党成员重返议会。以波兰人民党为核心的波兰联盟赢得了30个席位,这一结果比上次选举结果多一倍。自由与独立同盟在议会选举中获得了11个席位。参议院选举的结果看起来很有意思,反对党联盟的影响在参议院选举中发挥了重要作用。执政联盟和反对党联盟都赢得了48个参议院席位,而其他4个席位则由独立候选人赢得。这使得公民纲领党的候选人——来自什切青医学院的教授托马斯·格罗兹基(Tomasz Grodzki)成为参议院的议长。公民纲领党控制参议院也增加了法律与公正党行使权力的难度。例如,立法程序可能会被延长,一些重要公职的选举结果也需要参议院的批准。不过,法律与公正党赢得波兰议会众议院的绝对多数票也使得马泰乌什·莫拉维茨基政府得

① The Push-up of Political Parties, i. e. , a Summary of the Election Campaign, "Publico Institute", October 2019, http: //instytutpublico. pl/przepychanki – partii – politycznych – czyli – podsumowanie – kampanii – wyborczej/.

以保持政策的连续性，其只需要对人员进行细微的调整就可以继续履行其使命。①

三 新冠肺炎疫情下的波兰总统选举及结果

此外，2020年3月在波兰开始发生的新冠肺炎疫情对2020年5～6月举行的总统选举也造成了一定影响。新冠肺炎疫情的发生使得波兰社会和经济活动减少，也给公民的日常生活和工作带来了影响。受新冠肺炎疫情的影响，波兰旅游、服务、贸易、通信等整个经济领域的活动都受到了限制。同时，新冠肺炎疫情的流行，也使人们质疑下一届总统选举能否按时进行。根据之前的竞选计划，第一轮竞选计划于2020年5月10日举行，当时正值疫情危机和相关限制的高峰期，但执政阵营试图不惜一切代价在上述规定时间范围内举行选举，为此还发明了"邮政选举"的方式。针对此方式可能产生难以预料的后果以及选举程序可能存在的舞弊行为，有人提请国家机构应高度重视。因此，反对派政客以及执政联盟中波兰协议党的领导人贾罗斯瓦夫·戈温（Jarosław Gowin）基于选民安全的考虑，成功地阻止了在规定的最后期限内举行总统竞选的计划。最终，两个主要政治联盟达成一致，总统选举推迟到2020年6月28日举行。

总统竞选一开始主要围绕反对派候选人，即前文提到的马戈尔扎塔·基达瓦－博恩斯卡和寻求连任的法律与公正党候选人安杰伊·杜

---

① J. Marszałek-Kawa and P. Siemiątkowski, ed., *Exposé of Prime Ministers 1989 – 2019*, pp. 415 – 439; P. Zaremba, "Authoritarian Rule or A Great Project of Sanitation of the State? Piotr Zaremba Sums Up 4 Years of PiS Rule", *Poland The Times*, October 2019, https：//polskatimes. pl/rzady – autorytarne – czy – wielki – projekt – sanacji – panstwa – piotr – zaremba – podsumowuje – 4 – lata – rzadow – pis/ar/c1 – 14474441.

达（Andrzej Duda）展开。其他政治团体——左翼政党、波兰农民党和自由与独立同盟也提出了他们的候选人。前电视新闻记者、前天主教专栏作家西蒙·霍尼娅（Szymon Hołownia）也提交了参选申请。当民调显示公民纲领党的总统候选人在选举中获胜的机会开始下降（从25%下降到5%）时，公民纲领党决定将候选人更改为受欢迎的首都华沙市长拉法乌·恰斯科夫斯基（Rafał Trzaskowski）。总统竞选在2020年6月达到白热化，杜达最终以获得近51%的选票当选总统。①

① 参见 A. Rychard and J. Haman, "Presidential Election 2020. Social and Political Context", Forum of Ideas, Batory Foundation, Warsaw, 2020; Antoni Dudek, "The Cost of Short-circuiting the Backroom Would Be High for the President", *Dziennik Polski*, August 2020。

B.3
2019~2020年波兰经济形势分析

孔田平*

摘　要： 法律与公正党自2015年执政后，特别关注收入分配问题并扩大社会福利，使福利惠及弱势群体。2019~2020年，法律与公正党政府继续执行扩大社会福利的经济政策。2019年波兰经济保持增长。2020年波兰经济遭受新冠肺炎疫情的巨大冲击，波兰政府出台"反危机之盾"的一揽子措施，以缓解疫情对经济和社会造成的影响。2020年受新冠肺炎疫情的影响，波兰经济陷入衰退，结束了自1992年以来经济持续增长的历史。

关键词： 波兰　经济政策　经济增长　反危机

一　经济政策走向

法律与公正党自2015年11月执政后，特别关注收入分配问题并扩大社会福利，使福利惠及弱势群体。法律与公正党的经济政策强调经济民族主义，政府致力于战略性经济部门如银行等的"再波兰

---

* 孔田平，法学博士，中国社会科学院欧洲研究所研究员，主要研究领域为中东欧转型与欧洲化、波兰转型、中国与中东欧国家关系。

化"。法律与公正党政府努力兑现竞选承诺,实行竞选中承诺的社会经济政策。具体措施包括以下内容:政府向多子女家庭(从第2个孩子算起)和贫困家庭的儿童提供补贴,每个儿童每月可领取500兹罗提的补贴("500+计划");降低职工退休年龄,男子的退休年龄从67岁降至65岁,女性的退休年龄从67岁降至60岁;将个人所得税的起征点提高至8000兹罗提;向75岁以上的老人提供免费医疗;将最低小时工资标准提高到12兹罗提。2019年为波兰的大选年,法律与公正党政府继续出台增加社会福利的政策。2019年2月,波兰政府实施一揽子的经济刺激计划,包括提高养老金,增加儿童福利,取消收入低于85528兹罗提的26岁以下青年人的个人所得税。经济刺激计划共支出400亿兹罗提,约合105亿美元。这些经济刺激措施有助于增加私人消费和政府消费。同年3月,政府给予至少生育过4个孩子的妇女特别养老权利,符合条件的妇女可获得最低养老金。这一政策使5.7万名妇女受益。2019年7月,波兰政府决定将"500+计划"扩大到每一个儿童。2019年11月,波兰政府设立政府人口政策全权代表职位,其职责为制定国家人口战略,以提高生育率,推广传统的家庭模式。

法律与公正党政府继续推动养老体系改革。2019年4月中旬,波兰政府宣布从2020年1月起,国家养老体系(OFE)中私人管理的资产将转移至个人退休账户,并按资产价值的15%缴税。这意味着从2020年起,政府将取消第二支柱养老基金。自2019年7月起,波兰分步实行自愿的职工长期退休储蓄计划,即"职工资本计划"(PPK),雇主和职工的缴费金额根据职工的总薪金进行核算。2019年社会保险缴费的上限为职工平均工资的30倍,即142950兹罗提。2019年7月,职工人数达250人以上的企业实行职工资本计划,2020年1月起职工人数在50~250人的企业实行职工资本计划。职工资本计划将成为职工除退休金之外的收入补充来源。

波兰政府强调有效管理国家预算和公共财政。2019 年 12 月通过的《2020 年预算草案法》提出了实现国家预算收支平衡的目标。自1990 年波兰实行经济转轨后尚无任何政府提出预算平衡的目标。2019 年大选后，法律与公正党政府兑现竞选承诺。小企业成立第一年的企业所得税税率从 15% 降到 9%，取消收入低于 85528 兹罗提的 26 岁以下青年人的个人所得税。

波兰货币政策保持稳定。自 2015 年 3 月以来，波兰国家银行货币政策委员会保持基准利率 1.5% 不变。2019 年也不例外。2019 年11 月，波兰国家银行货币政策委员会宣布，波兰国家银行将其经营盈余的一半转移给政府，另一半用于支持外汇储备。12 月，货币政策委员会重申不会改变货币政策。

二 宏观经济态势

波兰自 1992 年摆脱经济衰退后，保持了经济的持续增长。即使在欧洲经济一片萧条的 2009 年，波兰也保持了经济的增长。自2015 年 11 月法律与公正党执政以来，波兰经济保持持续增长。2016 年波兰经济增长 3.1%，2017 年和 2018 年经济增长率分别为4.8% 和 5.4%。与 2018 年相比，2019 年波兰经济增长有所放缓，国内生产总值增长 4.7%。在法律与公正党执政期间，波兰经济情况见表 1。

2019 年波兰经济增长 4.7%，在欧盟成员国中表现突出，其经济增长高于绝大多数欧盟老成员国和中东欧的新成员国（见表 2）。与维谢格拉德集团的其他成员国相比，波兰经济增长率低于匈牙利的4.9%，高于捷克和斯洛伐克。在欧盟的中东欧新成员国中，波兰的经济增长率仅低于爱沙尼亚和匈牙利。欧盟老成员国中只有爱尔兰的经济增长率高于波兰。从国内生产总值增长的态势看，2019 年全年

波兰国内生产总值增长呈现减速趋势。2019年第一季度国内生产总值增长4.8%，第二季度增长4.6%，第三季度增长3.9%，第四季度增长率下降至3.2%（见表3）。

表1　2015～2019年波兰宏观经济动态（上年=100）

	2015年	2016年	2017年	2018年	2019年
国内生产总值（GDP）	104.2	103.1	104.8	105.4	104.7
GDP中的总增加值	104.1	103.1	104.7	105.3	104.6
国内需求	103.7	102.3	104.9	105.6	103.6
最终消费支出	103.4	103.5	104.2	104.3	104.5
资本构成总额	104.7	98.0	107.6	110.5	100.3

资料来源：GUS。

表2　2019年欧盟成员国国内生产总值指数的比较（上年=100）

国家	指数	国家	指数
波兰	104.7	法国	101.3
匈牙利	104.9	荷兰	101.8
捷克	102.6	比利时	101.4
斯洛伐克	102.4	卢森堡	102.3
罗马尼亚	104.1	爱尔兰	105.5
保加利亚	103.4	丹麦	102.4
斯洛文尼亚	102.4	瑞典	101.2
克罗地亚	102.9	芬兰	101.0
爱沙尼亚	105.0	奥地利	101.6
拉脱维亚	102.2	意大利	100.3
立陶宛	103.9	西班牙	102.0
德国	100.6	葡萄牙	102.2

资料来源：GUS。

表3　2017～2019年波兰国内生产总值增长率及其贡献

单位：%

	2017 年				2018 年				2019 年			
	第一季度	第二季度	第三季度	第四季度	第一季度	第二季度	第三季度	第四季度	第一季度	第二季度	第三季度	第四季度
国内生产总值增长率	4.8	4.3	5.5	5.1	5.2	5.3	5.2	4.9	4.8	4.6	3.9	3.2
私人消费支出	2.6	2.7	2.7	2.5	2.8	2.7	2.5	2	2.5	2.6	2.3	1.6
公共消费支出	0.3	0.4	0.5	0.8	0.5	0.6	0.7	0.7	1.1	0.5	0.8	0.6
固定资本构成总额	0.2	0.3	0.7	1.5	1.2	1		1.9	2.1	1.5	1.5	0.8	1.2
存货变动	0.7	1.8	0.3	0.5	1.6	0.2	0.4	-0.3	-1.3	-0.2	-0.7	-1.3
净出口	0.9	-0.9	1.3	-0.2	-0.9	0.9	-0.3	0.2	1	0.2	0.8	1.1

资料来源：GUS。

波兰经济强劲增长的主要驱动力量为内需的增长。得益于法律与公正党慷慨的社会政策，波兰家庭收入得到增长，家庭可支配收入的增长推动了家庭消费的增长。有利的劳动力市场状况、社会转移支付的增加以及个人所得税的降低有助于推动家庭消费的增加。消费信贷的增长也有助于推动消费的增加。投资的增加，包括私人投资以及欧盟基金支持的公共投资的增加有助于推动经济的增长。在全球和欧盟贸易走弱的背景下，波兰的出口表现良好。①

2019年以现价计算的波兰国内生产总值为22735亿兹罗提，其中总增加值为19980亿，占国内生产总值的87.9%。在总增加值中，农林渔业占2.2%，工业占22.1%，建筑业占6.8%，商业和汽车修理占15.6%。2019年波兰国内需求为21540亿兹罗提，最终消费支

---

① European Commission, "Commission Staff Working Documents, Country Report Poland 2020", https：//eur－lex. europa. eu/legal－content/EN/TXT/PDF/? uri = CELEX：52020SC0520&from = EN.

出占 79.3%，其中私人消费支出占 60.5%，政府消费支出占 18.8%。资本构成总额占 20.6%，其中固定资本构成总额占 19.6%，存货变动占 1.0%。2019 年波兰国内需求增长 3.0%，消费支出增长 4.1%，其中家庭消费支出增长 3.9%，政府消费支出增长 4.9%，而资本构成总额则下降 0.7%。

波兰通货膨胀率保持在较低水平。2019 年消费者价格指数上涨 2.3%，低于波兰国家银行设定的通货膨胀目标。波兰国家银行设定的通货膨胀目标为 2.5% 上下浮动一个百分点。2019 年食品和非酒精饮料价格上涨 4.9%，高于 2018 年 2.6% 的水平。2019 年食品价格上涨主要是由于供给因素，如非洲猪瘟导致猪肉产量下降，以及干旱导致蔬菜和水果产量下降。[①] 波兰食品价格尽管上涨，但是仍低于绝大多数欧盟成员国的水平。政府为电力价格提高设限有助于降低通货膨胀率。

波兰劳动力市场形势持续改善。2015 年第四季度，波兰就业人口为 1617.6 万人，到 2019 年第四季度，就业人数增加到 1651.2 万人。近几年，波兰失业人口数量不断下降。2015 年第四季度，失业人口为 121.8 万人，到 2019 年第四季度，失业人口降至 50.5 万人。根据波兰中央统计局的数据，波兰注册失业人数从 2015 年的 1563 万下降到 2019 年的 86.6 万。2019 年波兰失业率降至转轨以来历史新低，2019 年 12 月失业率仅为 5.2%。波兰的失业率低于欧盟的平均水平，波兰是欧盟成员国中失业率最低的国家之一。降低退休年龄导致劳动力参与率的下降，"500 + 计划" 导致 10 万妇女离开劳动力市场。劳动力短缺成为棘手问题。2016～2019 年有 200 万乌克兰人流入波兰，填补了一些部门低技能劳动力的短缺。

---

① Monetary Policy Council，"Inflation Report"，March 2020，https：//www. nbp. pl/en/publikacje/raport_ inflacja/iraport_ march2020. pdf.

自法律与公正党上台以来，政府总赤字呈下降态势。2015 年政府总赤字占国内生产总值的 2.6%，2016～2018 年政府总赤字持续下降，2018 年降至国内生产总值的 0.2%。2019 年政府总赤字占国内生产总值的 0.7%，比 2018 年略有上升。2019 年政府赤字总额为 168 亿兹罗提。自 2017 年起，政府的债务水平持续下降，政府总债务占国内生产总值的比重从 2016 年的 54.3% 下降到 2019 年的 46%（见表 4）。2019 年政府总债务为 10451 亿兹罗提。

表 4　2016～2019 年波兰政府总赤字和总债务占国内生产总值的比重

单位：%

	2016 年	2017 年	2018 年	2019 年
政府总赤字占国内生产总值的比重	2.4	1.5	0.2	0.7
政府总债务占国内生产总值的比重	54.3	50.6	48.8	46.0

资料来源：GUS。

2019 年波兰外贸保持增长，其中出口额为 10236 亿兹罗提（约合 2671 亿美元），进口额为 10185 亿兹罗提（约合 2658 亿美元），实现贸易盈余 51 亿兹罗提（约合 13 亿美元），而 2018 年波兰贸易逆差为 195 亿兹罗提。与 2018 年相比，2019 年出口增长 7.6%，进口增长 4.9%。2019 年波兰向发达国家的出口占出口总额的 86.8%，其中向欧盟的出口占80.0%，波兰自发达国家的进口占进口总额的 65.9%，其中自欧盟的进口占 58.8%。2019 年波兰与发展中国家保持贸易逆差，金额为 1955 亿兹罗提，而与发达国家保持贸易盈余，金额为 2182 亿兹罗提。

2019 年波兰吸引外国直接投资 416.7 亿兹罗提（约合 108.5 亿美元），与 2018 年相比下降了 28%。2018 年波兰吸引外国直接投资 577.7 亿兹罗提（约合 159.8 亿美元）。2019 年外国投资者宣布在波兰投资 373 个绿地项目，波兰成为欧洲绿地投资项目落户数量最多的国家之一，仅次于英国、德国、西班牙和法国。

与2018年相比，2019年波兰兹罗提相对于美元或欧元有所贬值。2018年年平均汇率为1美元兑3.6134兹罗提，1欧元兑4.2623兹罗提。2019年年平均汇率为1美元兑3.8395兹罗提，1欧元兑4.2980兹罗提。

三　居民收入情况

根据波兰中央统计局公布的资料，2019年波兰人均月可支配收入增加5%，达到1819兹罗提（约合402欧元）。2019年家庭人均月支出比2018年增长3.1%，增长到1252兹罗提（约合276欧元）。作为政府的旗舰项目，"500＋计划"每月向儿童提供的500兹罗提（约合110欧元）补贴占到家庭人均可支配收入的12.7%，而2018年占家庭人均可支配收入的13.5%。①

近年来，波兰月平均总工资和薪金持续增长。根据波兰中央统计局的资料，2016年月平均总工资和薪金较上年增长4.3%，2017年和2018年分别较上年增长3.7%和5.4%，2019年较上年增长4.8%。2019年企业部门的月平均总工资和薪金比2018年增长4.1%，预算部门的月平均总工资和薪金增长5.2%。2019年家庭最终消费支出比2018年增长4.0%。② 2019年波兰职工工资有所提高。2019年10月，企业部门职工的平均月工资为5213.27兹罗提，比上一年提高5.9%。2019年12月，波兰职工工资达到历史最高水平。雇佣10名以上职工的公司的月平均工资为5604兹罗提，同比增长了

---

① "Disposable Incomes of Poles Up by 5 pct y/y in 2019 – Stats Office"，https：//www.thefirstnews.com/article/disposable－incomes－of－poles－up－by－5－pct－yy－in－2019－－－stats－office－16205.

② GUS，"Annual Macroeconomic Indicators"，https：//stat.gov.pl/en/poland－macroeconomic－indicators/.

6.4%。① 近年来，职工最低工资每年均有所增长，2017年波兰职工的最低工资为2000兹罗提，2018年提高到2100兹罗提。2019年职工最低工资提高到2250兹罗提。最低小时工资从2018年的13.7兹罗提增加到2019年的14.7兹罗提。根据政府的计划，2020年职工最低工资提高到2600兹罗提，最低小时工资提高到17兹罗提。

极端贫困率下降。2018年波兰极端贫困率为5.4%，2019年降至4.2%。波兰家庭、劳工和社会政策部长玛尔莱娜·玛隆格认为这是2006年以来最好的结果。更为重要的是，2019年以来极端贫困率的下降覆盖了所有社会群体，不论其年龄和家庭类型。② 这表明法律与公正党政府的社会政策成效显著，对弱势群体生活质量的提高产生了积极的影响。自2016年以来，波兰最低养老金和年金提高了36%，从882.56兹罗提提高到1200兹罗提。多子女家庭的贫困率下降，有至少三个孩子的家庭的贫困率从9.7%下降到6.8%。低于18岁的儿童和青年的贫困率从2018年的6%下降到2019年的5%。

2019年波兰经济总体表现良好，波兰是欧盟中经济增长最快的国家之一。法律与公正党政府的社会政策惠及弱势群体，福利的扩大使波兰社会受益。然而，波兰国内对法律与公正党的经济政策及其效果不无争议。2013～2015年私人投资年均增长5.6%，而2016～2019年私人投资年均增长0.2%。公民发展论坛首席经济学家亚历山大·拉舍克认为，导致私人投资下降的主要因素是政府的国有化政策以及限制经济自由。政府对法治的攻击对长期经济增长具有不利的影响。③ 波

① "Wages in Poland Reach Highest Level in History"，https：//notesfrompoland.com/2020/01/24/wages－in－poland－reach－highest－level－in－history/.

② "Absolute Poverty Declines-New Data Published by the Central Statistical Office"，https：//www.gov.pl/web/family/absolute－poverty－declines－－new－data－published－by－the－central－statistical－office.

③ "Could Poland Catch Up with Germany's Economy?" https：//www.dw.com/en/could－poland－catch－up－with－germanys－economy/a－52425523.

兰经济转轨的设计师巴尔采罗维奇视法律与公正党政府的经济政策为偏离正轨，强调目前波兰经济的繁荣是积极应对外部冲击的结果。如果执政党不推行严肃的改革，那么下一次的经济低迷将严重损害国家的未来。① 2019 年法律与公正党再次赢得议会选举，表明法律与公正党政府的经济政策不会改弦更张，波兰将进一步加强国家对经济的干预，扩大社会福利。2020 年新冠肺炎疫情的发生进一步凸显了国家干预的重要性。

四 新冠肺炎疫情的冲击及波兰政府的应对

2020 年由于新冠肺炎疫情的出现，波兰经济受到严重冲击。新冠肺炎疫情的流行以及抗疫措施的实施导致波兰经济和社会生活陷入停顿，波兰经济遭受非同寻常的冲击。波兰出台了被称为"反危机之盾"的一揽子措施，以缓解疫情对经济和社会造成的影响。2020 年波兰政府经济政策的重心是应对新冠肺炎疫情对经济产生的影响，保企业、保就业成为政府经济政策的重点。2020 年 4 月 1 日，"反危机之盾"1.0 版措施实施，主要向受疫情影响的企业和职工提供救助。4 月 17 日，波兰"反危机之盾"2.0 版措施实施，扩大了"反危机之盾"实施的范围。5 月 16 日，"反危机之盾"3.0 版措施实施。6 月 24 日，政府向受新冠肺炎疫情影响的实体发放银行贷款利息补贴，同时简化批准程序的法律（亦称"反危机之盾"4.0 版）生效。8 月 11 日，《给予公共援助救助或重组企业家法》生效。9 月 16 日，政府宣布了一项新的税收和监管简化战略，以吸引投资，支持国内企业发展。10 月 15 日，"反危机之盾"5.0 版措施生效。12

---

① Leszek Balcerowicz and Aleksander Łaszek, "Poland's Economic Miracle Won't Last", https：//www. politico. eu/article/polands – economic – miracle – wont – last/.

月14日，"反危机之盾" 6.0版措施生效。"反危机之盾" 涉及一系列包含不同经济部门的政策措施：税收措施涉及延期缴税和减免税收，经济刺激措施涉及贷款、延期偿还债务等，与就业相关的措施涉及国家补偿、补贴和培训等，关税措施涉及关税减免和放宽出口限制等。① 2020年政府应对新冠肺炎疫情的支出为3000亿兹罗提，其中用于支持企业的资金为1500亿兹罗提。②

为应对新冠肺炎疫情，波兰政府实行大规模的财政刺激计划。波兰财政刺激的规模超过国内生产总值的13%，在中东欧地区仅次于捷克（捷克财政刺激规模为国内生产总值的21%）。直接的财政刺激规模占国内生产总值的7.7%，其他的财政刺激措施为贷款和贷款担保。2020年12月，政府采取的支持受第二波疫情影响的企业的措施包括工资补贴、向自谋职业者提供福利以及免除养老和医疗缴费。据波兰中央统计局的数据，2020年政府预算赤字占国内生产总值的7%，债务占国内生产总值的57.5%。

为缓解新冠肺炎疫情对经济的影响，波兰实行宽松的货币政策。2020年3~5月，货币政策委员会分三次将政策利率从1.5%下调至0.1%。波兰国家银行将法定准备金率从3.5%下调到0.5%，并启动量化宽松，央行资产一年间增长了40%。波兰国家银行购买政府债券，以确保债券市场的顺利运作，并为银行提供足够的流动性来支持其向私营部门提供信贷。疫情引发的不确定性导致兹罗提在3月一度贬值6%。随着疫情形势日渐明朗，兹罗提在年中升值3%。2020年

---

① "Government and Institution Measures in Response to COVID-19", https://home. kpmg/xx/en/home/insights/2020/04/poland – government – and – institution – measures – in – response – to – covid. html.

② "Government Doing Everything to Protect Polish Economy-PM", https://www. thefirstnews. com/article/government – doing – everything – to – protect – polish – economy – – –pm – 17619.

12 月，波兰国家银行为遏制兹罗提升值压力，干预外汇市场。到 2020 年底，波兰外汇储备达到创纪录的 1400 亿美元。

自 1992 年起至 2020 年前，波兰从未经历过连续两个季度的经济萎缩。2020 年波兰经济出现衰退，结束了自 1992 年起不间断经济增长的光荣历史。2020 年除第三季度外，波兰所有季度实际国内生产总值较上年同期均出现下降。2020 年波兰的经济衰退是疫情引致的经济衰退，不同于一般意义的经济危机。受疫情影响，2020 年波兰经济遭受重挫。2020 年波兰国内需求下降 3.7%，最终消费支出下降 2.3%，其中家庭消费支出下降 3%，政府消费支出增长 4.4%。资本构成总额下降 12.9%，其中固定资产构成总额下降 9.6%。2020 年波兰商品和劳务的出口下降 0.2%，进口下降 1.9%。由于私人消费支出下降和固定资产投资下降，波兰经济增长动力不足。根据波兰中央统计局 2021 年 1 月底的估计，2020 年波兰国内生产总值下降 2.8%。① 4 月，波兰中央统计局最终确认 2020 年波兰国内生产总值下降 2.7%。② 2020 年是波兰自摆脱"转轨衰退"后经济表现最差的一年，然而与欧元区相比，波兰国内生产总值下降的幅度并不大，2020 年欧元区国内生产总值下降了 6.8%。2020 年波兰的通货膨胀率为 3.4%，比 2019 年略有上升。与 2019 年相比，2020 年波兰劳动力市场的形势有所恶化，12 月失业率为 6.2%。2020 年底，波兰注册失业人数为 104.6 万。2020 年波兰商品出口增长 0.3%，出口增幅比前几年大幅度下降。商品进口下降 4.8%，进口下降在 2013 年以来尚属首次。尽管波兰遭受了疫情的冲击，但波兰经济的韧性仍在，

---

① "Poland GDP Contracts 2.8% in 2020"，https：//wbj. pl/poland－gdp－contracts－28procent－in－2020/post/129676.

② "Stats Office Reaffirms Poland's 2020 GDP Decline at 2.7 pct"，https：//www. thefirstnews. com/article/stats－office－reaffirms－polands－2020－gdp－decline－at－27－pct－21429.

具备缓解外部和国内需求下降的财政和货币的空间。虽然受到疫情的冲击，波兰仍为有吸引力的投资目的地。2020年波兰投资与贸易局经手近200项外国直接投资项目，投资总额达85亿欧元。主要的投资国为韩国和美国，投资的主要部门涉及现代企业服务、电动汽车、汽车制造和研究与开发。①

随着疫苗大规模注射取得进展，波兰应对疫情的限制措施逐渐放松。2021年波兰的经济活动逐步恢复正常，国际组织均预测2021年波兰经济将恢复增长。根据欧盟委员会2021年春季的预测报告，2021年波兰经济将增长4.0%。② 世界银行认为，欧元区贸易的复苏加之私人消费和投资的反弹，波兰经济2021年预计将增长3.3%。③ 经济合作与发展组织预测，2021年波兰经济将增长3.7%。④ 波兰总理莫拉维茨基对2021年波兰的经济前景表示乐观，由于"新政"和国家复苏计划资金的支持，他预测2021年波兰经济将增长4%。⑤

---

① "Poland Poised for Strong Post-pandemic Investment Recovery", http://biznespolska. pl/poland – will – be – one – of – the – beneficiaries – of – post – pandemic – investments – the – interest – of – foreign – players – is – growing/.

② "Economic Forecast for Poland", https://ec. europa. eu/info/business – economy – euro/economic – performance – and – forecasts/economic – performance – country/poland/economic – forecast – poland_ en.

③ "Polish Economy Returns to Growth Amidst Pandemic-related Setbacks", https://www. worldbank. org/en/news/press – release/2021/03/31/polish – economy – returns – to – growth – amidst – pandemic – related – setbacks.

④ "Poland Economic Snapshot, Economic Forecast Summary (May 2021)", https://www. oecd. org/economy/poland – economic – snapshot/.

⑤ "Poland Has Optimistic Economic Prospects for 2021", https://www. thefirstnews. com/article/poland – has – optimistic – economic – prospects – for – 2021 – 19565#: ~ : text = Poland%27s%20GDP%20will%20grow%20by%20at%20least%204, in%20the%204th%20quarter%20than%20before%20the%20pandemic.

B.4
2019～2020年波兰与大国的
关系及外交动态

戴轶尘 *

摘　要：　2019～2020年，波兰法律与公正党相继在欧洲议会大选、波兰议会大选和总统大选中获胜，在波兰国内成功捍卫了自己在众议院占多数的地位，从而使现政府获得连任。波兰政府延续了疑欧、亲美和反俄的对外政策：在对欧盟的关系上，波兰政府在与法德寻求关系缓和的同时，加强与中小成员国的联合，以提升自己与欧盟机构讨价还价的能力；在对美关系上，波兰极力强化与美国的军事同盟和能源合作，不惜为此加深与法德的分歧，恶化与俄罗斯的关系；在对俄关系上，波兰将俄罗斯视为首要的安全威胁并在历史问题上对俄罗斯进行攻击，在依靠美国和北约加强对俄罗斯的军事威慑的同时，摆脱对俄罗斯的能源依赖。

关键词：　波兰　大国关系　外交动态

2019年，波兰执政党法律与公正党在5月举行的欧洲议会大选

* 戴轶尘，博士，上海社会科学院维谢格拉德集团（V4）研究中心副主任、国际问题研究所助理研究员。

和10月举行的波兰议会大选中，在国内均获得了最高得票率，并成功实现政府连任。由此，该党政府得以在波兰的对外政策上延续既有立场，在处理大国关系上继续维持疑欧、亲美、反俄的外交政策。

一　2019年波兰的外交任务

作为持民族主义和保守主义立场的右翼政党，法律与公正党组建的政府制定的《波兰外交政策战略2017—2021》[①]，明确将政治现实主义确立为波兰对外政策的基本前提，强调国际关系是主权国家的领域，即使国家之间开展合作，国家也仍应保留主权。同时，21世纪的国际政治正在向地缘政治竞争回归，国际关系格局变得日趋不确定和不可预测。从这一视角出发，波兰政府认为，在进入21世纪的第二个十年后，西方世界面临着多重深刻危机，主要是由两个原因造成的：一是未能充分应对俄罗斯的修正主义政策，乌克兰危机破坏了欧洲的安全架构；二是经济危机暴露了欧洲经济治理的缺陷，并为反对欧洲一体化的运动创造了温床。此外，跨大西洋安全还面临着来自中东的恐怖主义和不受控制的移民的威胁。这些危机对欧盟和北约都构成了严峻挑战，而其国际地位的长期恶化将损害波兰的重大利益。然而，伴随着西方国际地位的不稳定，非西方世界却在发生深刻的变革，全球经济重心正在向亚太地区转移，亚洲将成为全球经济增长的引擎。

基于这一战略判断，波兰政府提出，在2017～2021年，安全、增长和高声望（High Standing）是其追求的三大对外政策目标。在安全方面，波兰寻求对内增强自身防御能力，对外加强与美国和北约的

[①]　波兰外交部，https：//www.gov.pl/attachment/869184c0 – bd6f – 4a20 – b8af – a5c8190350a1，访问时间：2021年5月30日。

联系并提升欧盟的潜力，同时在地区层面与罗马尼亚、维谢格拉德集团以及波罗的海沿岸国家和北欧国家开展密切合作。在促进经济增长和社会发展方面，维持欧盟单一市场的完整性仍然是波兰实现经济增长的重要前提，但波兰不会"对欧盟的缺陷视而不见"。同时，波兰也将积极利用经济外交来提升其在全球价值链中的地位，加强与南亚、北美、非洲、中东以及其他发展中国家的经济联系。在追求国际声望方面，波兰寻求在全球政治中扮演负责任的角色，参与地区事务和选定的全球议题。为此，波兰将在2018～2019年担任联合国安理会非常任理事国视为关键步骤，并通过开展历史外交、联系海外侨民、承办重大国际会议等举措，提升国际地位。

在上述三大优先目标的指引下，2019年3月14日，波兰外长亚采克·恰普托维奇（Jacek Czaputowicz）在波兰众议院发表演讲，具体阐述了波兰政府在2019年的外交任务，主要包括以下几个方面。①

第一，充分利用2019年欧洲议会大选和波兰正式加入欧盟15周年的重要契机，寻求在塑造欧盟的未来形态上发挥积极作用。波兰希望在华沙举行庆祝入盟15周年的部分欧盟成员国领导人会议，借此机会全面阐述中欧地区如何看待欧盟的立场。其中波兰尤为关切的议题包括推进欧盟的制度改革、增强欧洲经济竞争力、英国脱欧谈判、新的欧盟预算谈判以及欧盟防务合作等。在欧盟成员国层面，波兰希望继续与德国、法国发展双边关系并加强"魏玛三角"的合作，在英国离开欧盟之后，波兰也将与其在安全合作和贸易上保持紧密关系。此外，波兰还将与意大利、西班牙、荷兰、比利时深入讨论欧盟改革和预算等重要的一体化议题。

---

① 波兰外交部，https：//www. gov. pl/web/diplomacy/information – of – the – minister – of – foreign – affairs – on – polish – foreign – policy – tasks – in – 2019，访问时间：2021年5月30日。

第二，渴望成为北约和美国在中东欧地区的军事力量的核心。2019年也是波兰正式加入北约20周年，波兰将北约视为欧洲安全的基石，将加强北约在欧洲东部侧翼的军事存在置于其外交的优先地位。同时，波兰也一直追求与美国加强战略伙伴关系，其在对美关系上的优先任务是扩大美国在波兰的军事存在，加强两国在能源安全、贸易和投资以及人员往来上的合作。

第三，将俄罗斯视为波兰自身安全及波兰在周边地区所面临的重大挑战，并追求独立于俄罗斯的天然气供应，以确保能源安全。波兰赞成对俄罗斯实施的各种制裁，针对俄罗斯威胁乌克兰、巴尔干半岛和高加索国家的行动做出强烈反应，并寻求北约对乌克兰的支持。波兰作为欧盟的"东部伙伴关系计划"的发起国，支持乌克兰、白俄罗斯、格鲁吉亚、摩尔多瓦的领土完整，并与东部伙伴国家开展务实合作。在能源安全上，波兰反对"北溪－2"项目，同时推进波罗的海的天然气管道建设在2022年完工，将波兰与北海的天然气田连接起来。

第四，致力于推动中东欧地区合作和积极拓展全球影响。在地区合作层面，借助维谢格拉德集团、三海倡议和"布加勒斯特九国模式"峰会（Bucharest Nine），① 推进中东欧国家的双边关系以及区域合作，同时加深与北欧和波罗的海沿岸国家的对话，支持西巴尔干国家加入欧盟。在全球层面，波兰希望在亚太地区获得新的市场和投资机会以促进其经济发展；在中东地区，波兰寻求通过与美国共同在华

---

① 维谢格拉德集团是1991年成立的包括波兰、匈牙利、捷克和斯洛伐克的次区域合作组织。三海倡议是2015年由波兰和克罗地亚发起的，包括波兰、捷克、斯洛伐克、匈牙利、奥地利、保加利亚、罗马尼亚、克罗地亚、斯洛文尼亚、立陶宛、爱沙尼亚、拉脱维亚12个国家的地区合作倡议。"布加勒斯特九国模式"峰会是2015年由波兰和罗马尼亚发起的，包括保加利亚、爱沙尼亚、拉脱维亚、立陶宛、波兰、罗马尼亚、斯洛伐克、匈牙利和捷克共9个位于中东欧的北约成员国所举行的部长级年度会议。

沙举行"促进中东未来的和平与安全"的部长级会议，加强波兰与中东国家的关系；在拉美，波兰致力于恢复在墨西哥、巴西等国家的外交存在和与拉美国家的双边对话，以创造有利于与拉美国家开展经济合作的条件。

此外，波兰外长还强调，2019年不仅是波兰加入北约20周年、加入欧盟15周年，也是团结选举胜利30周年、波兰—立陶宛联邦成立450周年、华沙起义75周年、第二次世界大战爆发80周年。因此，2019年是波兰讲述其在世界历史重大事件中的贡献和作用的绝佳机会，希望借此提高自己的国际声望。

二 波兰改革欧盟的愿景及其对欧关系的缓和

波兰与欧盟的关系深受波兰国内政治的影响，执政党对欧洲一体化的态度决定了波欧关系的走向。2015年，持疑欧主义立场的法律与公正党上台执政后，波兰对欧政策日益滑向"一体化倒退"范式，除在安置中东难民、波兰国内司法改革等议题上公开对抗欧盟机构外，对于欧盟的未来发展也与法德渐行渐远，被视为欧盟中的"麻烦制造者"。[①] 法律与公正党持疑欧立场有多方面的考虑：在政治和意识形态上，该党坚持民族主义和保守主义立场，认为国家主权不可分割，而波兰的主权和基督教保守价值观受到了欧盟超国家机构的制约和威胁；在经济发展上，虽然欧洲一体化使波兰获得了经济上的成功，但其经济增长高度依赖外资和外部市场，使其逐渐沦为德国的"经济后院"，而且欧盟应对气候变化的政策也将对倚重煤炭生产和消费的波兰构成直接挑战；在安全和防务上，波兰作为坚定的大西洋

---

① Grzegorz Gromadzki, "Poland in the EU: Unavoidable Marginalization with a Small Question Mark", Friedrich-Ebert-Stiftung, February 2018, pp. 2 – 3.

主义者，一直主张欧盟不应以削弱北约和跨大西洋联盟为代价来追求防务联合，而且担心欧盟委员会逐步整合成员国的国防工业，从而制约其军工企业的发展。①

从这一立场出发，法律与公正党政府对欧洲一体化的未来走向与欧盟机构和法德存在深刻的分歧。2017年3月，欧盟委员会主席容克推出《欧盟的未来白皮书》，提出了英国脱欧之后欧盟的五种前景：第一，延续现状；第二，重新将目标集中于深化欧洲单一市场；第三，"多速欧洲"，有意愿的成员国在特定政策领域加深一体化；第四，欧盟在更少的政策领域推进更高效的一体化；第五，所有成员国更团结地推进所有政策领域的一体化。② 法国、德国等成员国对"多速欧洲"这一符合欧盟现实的选项表示支持，但波兰等中东欧国家担心此举会进一步加剧欧盟内部的权力向法德集中、中小成员国丧失自主权，因而要求在欧盟内的所有问题上各成员国拥有同等的话语权。出于对法德的担心和不满，波兰一直谋求寻找志同道合的欧盟成员国，与其联手将欧洲一体化维系在有利于波兰的政府间主义和大西洋主义的轨道上。为此，波兰政府围绕2019年5月举行的欧洲议会大选，展开了一系列外交行动，兜售波兰版的欧盟改革方案。

2019年1月9日，应波兰内务部长约阿希姆·布鲁津斯基的邀请，意大利副总理兼内政部长、联盟党党首马泰奥·萨尔维尼访问波兰。萨尔维尼不仅与布鲁津斯基举行了会晤，还会见了法律与公正党主席雅罗斯瓦夫·卡钦斯基。当天，萨尔维尼向媒体公开表示，意大利和波兰"准备在欧洲实现新平衡，汇聚新能量"，将引领"新欧洲之春"，主导"欧洲价值观复兴"。欧洲议会大选将催生"改革者"

---

① Piotr Buras, "Europe and Its Discontents: Poland's Collision Course with the European Union", Policy Brief, ECFR/230, September 2017, pp. 3 - 4.

② European Commission, "White Paper on the Future of Europe", March 2017.

阵营，从欧洲联盟内部启动变革。为此，意大利将抛出"十点计划"，涉及经济增长、安全、家庭等多个领域，并以此为指导原则，召集志趣相投的欧洲党派组建"共同联盟"。他甚至放言"意波"或将取代"法德"。① 尽管波兰和意大利在移民和欧盟边境安全议题上有共同诉求且都持有疑欧立场，但是面对意大利联盟党的极力拉拢，法律与公正党作为欧洲议会中的"欧洲保守和改革"党团的一员，并未轻易倒向联盟党所属的"民族和自由欧洲"党团的极右翼立场。双方的接触不仅在波兰国内招致反对党的严厉批评，而且萨尔维尼呼吁欧盟取消对俄罗斯制裁的立场与法律与公正党的政策背道而驰，因此，双方会晤的宣示性意义大于实质性影响。

对于萨尔维尼在波兰对法德发出的公开挑衅，法国和德国以在1月22日签署《亚琛条约》强化双边合作、为欧洲一体化注入动力作为回应，同时也没有放任波兰的疑欧主义倾向，仍寻求与其开展双边磋商，而波兰则借机表达自己的立场。1月29日，波兰外交部副部长康拉德·什曼斯基（Konrad Szymański）和德国绿党议员、德国议会波兰—德国小组主席曼努埃尔·萨哈金（Manuel Sarrazin）共同出席了在柏林举行的欧盟改革研讨会。什曼斯基在会议发言中表示，"欧盟的未来对于华沙具有战略重要性"，这也是波兰和德国讨论的主题。在他看来，欧盟成员国在移民政策上的东西矛盾并不对欧盟的未来构成威胁，反而在欧盟预算上的南北争端更具威胁。波兰追求的是"使欧洲进程更加合法"，"欧洲国家必须感到自己在控制民主进程"，强大的欧盟只能建立在强大的国家基础之上。② 紧接着，法国财政部长布鲁诺·勒梅尔在2月下旬访问华沙，会见了波兰总理莫拉

---

① 《意副总理访波兰寻民粹结盟 要搞"新欧洲之春"》，新华网，2019年1月11日，http://www.xinhuanet.com/world/2019-01/11/c_1210035374.htm。

② 波兰外交部，https://www.gov.pl/web/diplomacy/presentation-of-a-union-of-nations-20-report，访问时间：2021年5月30日。

维茨基。之后，勒梅尔向媒体表示，"法国已经意识到，波兰可以在欧洲的未来中发挥关键作用"，"波兰已经是欧洲舞台上的重要角色之一"，同时相信波兰理解在欧盟内部"遵守共同规则的必要性"。法国和波兰的合作有"巨大的潜力"，双方必须克服差异而聚焦加强合作。法国舆论认为，勒梅尔的访问预示着自2016年以来恶化的法波关系趋于回暖。①

在对法德采取相对缓和姿态的同时，法律与公正党政府也积极联合"老欧洲"中的中等国家和"新欧洲"中的小成员国，在欧盟壮大自己阵营的声势。2019年3月19日，西班牙外交部长博雷利访问华沙，他与波兰外长进行会晤的一个重要议题就是沟通对欧洲一体化的立场。双方在联合新闻发布会上表示，"欧洲一体化不应受到限制，也不应完全基于德法合作"，西班牙和波兰等中等国家也需要制定有抱负的计划，促使欧洲事业更加完善。② 5月1日，2004年加入欧盟的10个成员国以及保加利亚、克罗地亚和罗马尼亚的领导人会聚华沙，举行高级别峰会，庆祝欧盟东扩15周年并签署《华沙宣言》。与会各国强调欧盟所有成员国的政府都必须参与欧盟的决策程序。在此前一天，波兰总理莫拉维茨基还在欧洲版的《政客》杂志上发表《波兰对欧洲的愿景》一文，就欧盟的未来发展提出了五点计划。③ 在文章中，莫拉维茨基并不讳言波兰和欧盟之间已陷入恶性循环的危机，而要打破这一僵局，欧盟迫切需要在欧洲议会选举之后

① "France Calls for Close Cooperation with Poland as Ties Warm", France 24, February 2019, https：//www. france24. com/en/20190227 – france – calls – close – cooperation – with – poland – ties – warm.

② 波兰外交部，https：//www. gov. pl/web/diplomacy/spains – minister – of – foreign – affairs – the – european – union – and – cooperation – visits – warsaw，访问时间：2021年5月30日。

③ Mateusz Morawiecki, "Poland's Vision for Europe", Politico, April 2019, https：// www. politico. eu/article/poland – vision – for – europe – mateusz – morawiecki/.

改变方向。他批评欧盟机构为了应对一系列的内外危机，采取了集中权力而无视各成员国国家主权的方式，而这是一种危险的误导性路径。欧盟在前进道路上需要在消除不平等、促进创新、打击垄断和贸易保护主义、增加防务开支和保护边界以及民主决策这五大方面做出努力。莫拉维茨基不点名地抨击了德国主张的经济紧缩政策和法国试图削减欧盟基金，以及保护其国内劳动力市场的政策。他希望欧盟继续加强凝聚力和扩充结构基金来消除成员国之间的经济差距，并通过出台雄心勃勃的基础设施投资计划、推进数字化、改革税收体系等来刺激欧盟经济增长。同时，他重申波兰在安全和防务上仍将北约视为欧洲的安全支柱，并警告个别成员国为经济利益而与俄罗斯改善关系的危险性，尤其是"北溪－2"项目削弱了欧盟的能源安全，甚至将危及整个欧盟的安全。此外，他还抱怨欧盟机构在预算赤字、国家援助和机构改革等问题上没有对成员国一视同仁，布鲁塞尔的欧盟机构应该更少做决策，而让成员国有更多的自主权。

尽管波兰政府对欧盟的现状有诸多不满，但是仍有 87% 的波兰人认为波兰的欧盟成员国身份是一个巨大的成功。波兰人在欧洲议会大选中最关注的议题并不是欧洲面临的问题或挑战，而是波兰国内社会援助、传统家庭的意义、医疗服务等社会民生议题。最终波兰在欧洲议会大选中获得了 52 个议员的席位，其中执政党法律与公正党在欧洲议会中占据了 27 个席位，而作为反对党团体的欧洲联盟（European Coalition）赢得了 22 个席位，春天党（Wiosna）获得了 3 个席位。[①] 这一格局预示着法律与公正党在 10 月举行的波兰议会大选中将有望获胜。同时，新一届欧洲议会的总体格局虽然更为碎片化，欧洲人民党和社会民主党两大传统主流亲欧政党席位减少，但绿

---

① J. C. -Klikowska：《波兰的欧洲议会选举》，中国－中东欧研究院，2019 年 6 月 14 日。

党和"更新欧洲"两个亲欧党团影响力上升，有力地遏制了疑欧派政党和极右翼政党的坐大。

在此背景下，波兰与欧盟机构、法德的关系出现了一定的缓和。在协商新一届欧盟机构领导人选的过程中，波兰支持来自德国的冯德莱恩出任欧盟委员会主席。近年来一直在调查波兰政府违反欧盟法治行为的欧盟委员会第一副主席弗兰斯·蒂默曼斯（Frans Timmermans）不再负责这一事务，改为负责应对气候变化。来自波兰的雅努什·沃伊切霍夫斯基（Janusz Wojciechowski）则出任欧盟委员会的农业委员。波兰还与法国和德国联合致信欧盟委员会，提出了关于现代化欧盟竞争政策（Modernize EU Competition Policy）的方案，要求欧盟改革竞争政策，为欧洲大企业的合并松绑。这些都被欧洲舆论解读为波兰和欧盟机构、法德关系向好的预兆。① 但是，波兰与欧盟机构、法德在欧盟未来需要什么样的一体化这一根本性问题上的分歧和矛盾并未解决。法律与公正党政府在10月获得连任后，仍然继续在司法独立、2021～2027年的欧盟预算谈判等议题上与欧盟机构争吵，同时利用战争赔款问题敲打德国，还公开反驳法国总统马克龙批评北约"脑死亡"的言论。可以预见，在法律与公正党执政期间，波兰仍将继续在欧盟中充当一个备受争议的"改革者"的角色。

三 波兰继续强化亲美外交

自冷战结束以来，波兰一直将建立特殊的波美关系作为其对外政策的重中之重。波兰日益依赖美国和北约的安全保护，这其中有着历史和现实的双重考虑。一方面，历史上波兰多次遭受强邻入侵

---

① Piotr Buras, "Poland's New Tune in Europe", Politico, August 2019, https：//www.politico.eu/article/poland－pis－europe－rules－new－tune/.

的悲惨境遇，使之不仅对德国和俄罗斯抱有天然的戒心，对英国和法国也并不完全信任，而美国在二战胜利后建立了北约，保障了欧洲安全并维持了欧洲大陆的权力平衡。另一方面，2014年乌克兰危机的爆发，使波兰认为俄罗斯破坏了欧洲的安全结构，波兰面临着来自俄罗斯的潜在安全威胁，加强波美双边同盟关系和强化北约在欧洲东部侧翼的防御能力成为当务之急。此外，法律与公正党的疑欧立场与特朗普政府对欧盟的批评态度也有相近之处，而且双方都主张将美国的天然气销售到欧洲市场，以使波兰摆脱对俄罗斯天然气的依赖。因此，法律与公正党政府不仅在波美双边关系中对美国亦步亦趋，在多边议题中也全力支持美国的立场，不惜疏远甚至损害与其他大国的双边关系。

2019年2月13～14日，在美国和波兰的牵头下，主题为"促进中东未来的和平与安全"的部长级国际会议在华沙举行。这一会议构想由美方提出后，波兰立即应允，其主要的考虑是：一方面，在中东问题上支持特朗普政府的立场，可增进与美国的同盟关系，从而换取美国在波兰境内设立永久军事基地的承诺，抵御来自俄罗斯的安全威胁；另一方面，举办本次会议可提升波兰的国际地位，加强波兰与中东阿拉伯国家的双边经济和政治关系。但是这场被国际舆论视为针对伊朗的会议，从筹备起就遭到了国际社会的抵制。最终，美国方面由副总统彭斯、国务卿蓬佩奥以及特朗普的女婿、中东问题顾问库什纳等政要出席会议。以色列总统内塔尼亚胡也率领代表团到会。欧盟外交和安全政策高级代表莫盖里尼则以行程冲突为由缺席，德国和法国没有派出内阁级别官员参加会议，英国外交大臣亨特提前离会，而中东欧国家派出的高级代表团更感兴趣的是借机与彭斯会面。中国、俄罗斯、土耳其、黎巴嫩和巴勒斯坦拒绝参会，巴勒斯坦还呼吁其他阿拉伯国家抵制会议，伊朗则对会议予以强烈谴责。会后，美波两国发表了联合声明，宣称将联合发起成立国际工作组，推动多国合作以实现中东地区的安全和稳定。尽管波兰总理府部长雅采克·萨斯因（Jacek Sasin）认为这次会议让波兰进入了世界第一梯队国家，但是国际舆论普遍评论这次峰会并未达成实质性成果。波兰国内舆论则批评法律与公正党政府被美国利用，充当其在欧洲的"特洛伊木马"，波兰既没有获得预期的声望，也没有提高国际地位。①

2019年也是波兰和美国建交100周年，推动两国领导人实现互访成为波兰对美外交的重头戏，波兰希望借此助推波美同盟关系更上一层楼。6月12~17日，波兰总统安杰伊·杜达率领庞大的代表团对美国进行了为期6天的国事访问。访问期间，杜达与特朗普在华盛顿举行会晤，双方重点讨论了军事合作、能源合作以及波兰加入美国的免签计划等议题。在此次访问期间，波兰和美国签署了加强双边防务合作的联合声明，双方达成了关于由美国向波兰增派1000名美军士兵和在波兰部署MQ-9"死神"无人机中队的框架性协议。作为交换，波兰不仅全额承担修建美军增兵所需的各类基础设施的费用，还同意向美国购买32架F-35战斗机。在会后的联合记者招待会上，杜达明确表示，波兰不想被纳入俄罗斯的"势力范围"，美国增兵将强化波兰与西方国家的关系；特朗普则表示，美国不会对欧洲额外增兵，而是从德国或欧洲其他地区调配美军士兵前往波兰，对于2018年波兰寻求在其境内设立永久军事基地"特朗普堡"一事则没有予以明确承诺。② 在能源合作方面，波兰石油和天然气开采公司（Polskie Górnictwo Naftowei Gazownictwo）和美国环球创投公司（Venture Global）签署了一项价值80亿美元的采购协议，前者将每年从美国进口20亿立方米液化天然气。同时，波美两国政府的能

---

① J. C. -Klikowska：《华沙2月中东问题部长级会议述评》，中国－中东欧研究院，2019年4月12日。

② 《美国与波兰达成框架协议 将向波增派1000名驻军》，新华网，2019年6月13日，http：//www.xinhuanet.com/world/2019-06/13/c_1124617314.htm。

源部门还签署了民用核能合作备忘录,由美国帮助波兰建造第一座核电站。此外,美国承诺将在年内决定波兰能否加入美国的免签计划,并且美国将波美两国签署的关于加强预防和打击严重犯罪领域的合作协定及其落实情况,作为给予波兰免签的条件之一。①

波兰还希望借举办第二次世界大战爆发80周年纪念活动的机会,邀请特朗普于2019年9月初再次访问波兰。但是,突如其来的飓风"多里安"迫使特朗普取消了原定的日程,而改由副总统彭斯前往。此后,波兰总统杜达利用9月出席第74届联合国大会的机会,与特朗普举行了年内的第二次会晤,双方签署了《深化波美军事合作的联合声明》,在6月达成的框架性协议的基础上,商定了6个美军增兵波兰的驻地。两国总统重申双方有共同的意愿加强在基础设施和国防方面的合作,包括增强驻波美军的功能,进一步加强双边伙伴关系以及共同维护北约成员国的安全。11月6日,特朗普签署了关于授权波兰加入美国免签计划的文件。②

然而,波兰寻求美国向其境内增兵,不仅需要为之付出高昂的经济代价,还使波兰成为激化美欧在北约防务分担问题上的矛盾的焦点。一方面,波兰获得美国安全保护的代价不菲。特朗普政府将美国国防部投入欧洲威慑计划的36亿美元资金,挪用到墨西哥边境修建隔离墙,并因此冻结了给驻波美军的1.3亿多美元拨款,美国增兵波兰的费用将超过波兰政府声称的20亿兹罗提的预算。③ 另一方面,波兰被法德视为特朗普政府分裂欧洲的"棋子"。自奥巴马政府起,

① J. C. -Klikowska:《安杰伊·杜达总统对美国的国事访问》,中国 – 中东欧研究院,2019 年 7 月 25 日。

② J. C. -Klikowska:《波兰外交政策 2019 年总结》,中国 – 中东欧研究院,2020 年 7 月 13 日。

③ J. C. -Klikowska:《安杰伊·杜达总统对美国的国事访问》,中国 – 中东欧研究院,2019 年 7 月 25 日;《波兰外交政策 2019 年总结》,中国 – 中东欧研究院,2020 年 7 月 13 日。

美国就一直抱怨北约的欧洲盟友未能履行国防开支达到国内生产总值2%的承诺。特朗普上台后更是对此耿耿于怀,多次公开表示不满。特朗普将驻扎在德国的美军派往波兰,则明显带有对德国施加"惩罚"的意味,虽然德国并不处于北约驻防的前线,但调兵之举将进一步升级德美分歧。为加大对德国和法国等欧洲盟国施压的力度,特朗普在12月出席在英国伦敦举行的北约成立70周年峰会期间,邀请了包括波兰在内的9个北约成员国代表共进午餐,因为这些国家的防务开支超过了其国内生产总值的2%。波兰对于特朗普的另眼相待则以坚定地捍卫北约作为回报。北约峰会后,波兰总理莫拉维茨基在接受英国《金融时报》的采访时明确表示,法国总统马克龙批评北约"脑死亡"的论调是不负责任的,马克龙对北约共同防御条款的质疑会使其他盟友怀疑,法国在遵守这一条款上可能存有问题。他认为,北约的问题不是由特朗普批评盟友引起的,而是由部分欧洲成员国没有履行对北约的防务开支承诺造成的。①

四　波兰对俄关系持续恶化

在法律与公正党政府不遗余力地讨好美国的同时,波俄双边关系却雪上加霜。波兰极力追求美国和北约的安全保护,将自己推向了美俄对抗的前线,同时与俄罗斯围绕着二战历史问题的争议再起,还极力阻挠俄罗斯和德国的能源合作。

自2014年乌克兰危机爆发以来,波兰始终坚决主张欧盟对俄罗斯实施严厉制裁,同时不断推动美国和北约加强在中东欧地区的军事

---

① "Poland's Prime Minister Brands Macron 'Irresponsible' on NATO", *Financial Times*, November 2019, https: //www. ft. com/content/a0a71b16 – 03a1 – 11ea – a984 – fbbaembercad9e7dd.

存在。对此，俄罗斯一直保持警惕，并在外交和军事上采取相应的反制措施。在外交上，在 2019 年杜达访美前后，俄罗斯外长拉夫罗夫反复公开向美国和波兰喊话。他表示，美国如果增兵波兰，将破坏 1997 年签署的关于处理俄罗斯与北约关系的基本文件，其中包含了关于北约不得在新成员国境内永久部署重要作战部队的条款。他批评美国增兵波兰的举动不会给欧洲带来更多安全，北约深知俄罗斯无意侵犯北约成员国，美国只不过是将俄罗斯威胁作为增加防务开支，以及向俄罗斯边境附近增兵的借口。① 在军事上，俄罗斯根据 2002 年生效的《开放天空条约》，在 2019 年 4 月 22~27 日分别对美国和波兰实施空中侦察，以检查两国执行国际武器控制条约的情况。② 6 月，北约举行了代号为"波罗的海行动－2019"的年度海军演习，包括波兰在内的 18 个北约成员国派出了 8500 余名官兵、50 艘舰艇和 40 架军机参加登陆作战演习。尽管北约官方声称此次演习是"例行性军演"，但在俄罗斯看来此次军演有明显的针对意味。俄罗斯国防部部长绍伊古就此批评北约，认为其军事实力增长破坏世界现行安全体系，迫使俄罗斯采取回应措施。同时，俄罗斯军方派出了波罗的海舰队的 3 艘军舰监视北约演习。此后，俄罗斯于 8 月在波罗的海举行了代号为"海洋之盾－2019"的海军演习，以 70 艘舰艇、58 架军机和 1 万余人的更大规模兵力投入，强力回应北约。③ 北约和俄罗斯的角

① 《俄外长：美国增兵波兰将破坏俄与北约关系基本文件》，新华网，2019 年 5 月 1 日，http：//www. xinhuanet. com/world/2019－05/01/c_ 1124440779. htm；《美国拟增兵波兰或无望永久驻军》，新华网，2019 年 6 月 13 日，http：//xinhua－rss. zhongguowangshi. com/233/2470664428495319609/6200969. html。

② 《俄罗斯将对美国和波兰进行空中侦察》，中国新闻网，2019 年 4 月 22 日，https：//m. chinanews. com/wap/detail/zw/gj/2019－22/8816747. shtml。

③ 《北约波罗的海军演剑指俄罗斯》，《中国国防报》2019 年 6 月 14 日；《波罗的海大规模军演　俄罗斯强力回应北约》，新华网，2019 年 8 月 6 日，http：//www. xinhuanet. com/world/2019－08/06/c_ 1124844315. htm。

力使得波罗的海的安全局势日趋紧张。

在历史问题上，自法律与公正党于2015年执政后，波兰与俄罗斯多次围绕第二次世界大战的历史责任发生争吵，而俄罗斯在波兰国内政治斗争中也日益成为执政党与反对派相互攻讦的话题。法律与公正党指控前任公民纲领党政府，认为其与俄罗斯共同完成的对2010年斯摩棱斯克空难事件的调查报告难以令人信服，空难可能涉及"政治阴谋"。曾经担任过公民纲领党党首、波兰总理和欧洲理事会主席的图斯克，则抨击法律与公正党认同俄罗斯的欧洲怀疑论，推行可能导致波兰"退欧"的政策，从而引发欧盟的进一步解体。① 在这样的政治气氛下，波兰没有邀请俄罗斯总统普京出席2019年9月1日在波兰举行的第二次世界大战爆发80周年的纪念活动。这一举动引发了俄罗斯方面的强烈不满。俄罗斯外交部发言人、总统新闻秘书和国家杜马主席纷纷表态，严词批评波兰政府拒绝邀请俄罗斯领导人的做法是愚蠢的，没有俄罗斯出席的第二次世界大战纪念活动是不完整的，波兰此举试图淡化苏联在二战中的贡献，这是将二战历史政治化的做法。② 此后，欧洲议会在9月19日通过一项决议，声称苏联与纳粹德国签署的《苏德互不侵犯条约》为第二次世界大战的爆发铺平了道路。③ 对此，俄罗斯总统普京在12月多次公开表态，表示波兰对第二次世界大战的爆发负有责任，并且指控当时的波兰驻德国大使利普斯基反犹。波兰总理莫拉维茨基则发表声明，指控普京在波兰的历史问题上蓄意撒谎，认为普京"玩弄历史"的做法是为了缓

① Alexandra Yatsyk, "Russia as a Bogeyman in Poland's 2019 Domestic Political Wars", *PONARS Eurasia Policy Memo*, No. 615, October 2019.

② 《波兰纪念二战活动未邀请俄罗斯 俄批：既愚蠢又尴尬》，海外网，2019年9月2日，http://news.ifeng.com/c/7pdWy7WaL2m。

③ "European Parliament Resolution of 19 September 2019 on the Importance of European Remembrance for the Future of Europe", September 2019, https://www.europarl.europa.eu/doceo/document/TA-9-2019-0021_EN.pdf.

解俄罗斯面临的国际压力。①

　　在能源问题上，波兰将"北溪－2"项目视为眼中钉，一面联合立场相近的欧盟成员国加以反对，一面支持美国对该项目进行制裁。北溪天然气管道经波罗的海直接将俄罗斯和德国连接在一起，"北溪－2"项目则进一步扩大现有管道的运输能力。据统计，截至2018年，波兰的能源供应中有15%来自天然气，而其中有4/5的天然气来自进口。俄罗斯是波兰的天然气主要进口来源，波兰则是运送俄罗斯天然气到欧洲市场的亚马尔天然气管道的过境国之一。自2004年以来，双方多次就天然气的运输和定价问题爆发争吵。②"北溪－2"项目将进一步增强俄罗斯对欧洲天然气市场的供应能力，满足欧盟国家约1/4的天然气需求，从而加深俄罗斯与德国等西欧国家的能源合作关系，而波兰作为传统过境国的优势将不复存在，也会失去向俄罗斯购买天然气的价格优惠。为此，波兰联合匈牙利等9个高度依赖俄罗斯天然气进口的中东欧欧盟成员国，在2016年联名签署反对"北溪－2"项目的请愿书，着重陈述这一项目对中东欧国家带来的能源风险。③ 2017年，应波兰邀请，特朗普出席了在华沙举行的三海倡议峰会并发表演讲，强调美国将在能源安全方面致力于确保三海沿岸国家获得替代性能源，以此抵消因依赖俄罗斯天然气而产生的能源威胁。在重重反对之下，德国和法国在2019年2月联合向欧盟提交了关于修改天然气法规的提案，同意欧盟对"北溪－2"项目建设进行更严格的监管，但必须确保这一项目继续进行。对此，美国和波兰都表示

① 《波兰总理指责普京重写二战历史　两国再次陷入紧张关系》，东方网，2019年12月31日，https：//news. ifeng. com/c/7sr81S406We。

② Vitaly Yermakov， "Russia-Poland Gas Relationship：Risks and Uncertainties of the Ever After"， *Energy Insights*， No. 70， June 2020.

③ Giovanna De Maio， "Test for EU Unity and Transatlantic Coordination"， *Georgetown Journal of International Affairs*， April 2019.

坚决反对。美国国务卿蓬佩奥在当年2月访问华沙时表示，"北溪 -2"项目严重危害欧洲的能源安全，美国将尽一切力量阻止该项目的推进。波兰总统杜达则在2月会见来访的立陶宛总统格里包斯凯特时表示，波兰坚决反对"北溪 - 2"项目，"我们相信它不仅威胁波兰和立陶宛的能源安全，也威胁整个欧洲的能源安全，因为很明显它会带来对供应方的高度依赖"①。此后，欧洲议会在3月通过了由拉脱维亚的欧洲人民党议员提出的一项决议，该决议重申有必要停止"北溪 - 2"项目，欧盟不能再将俄罗斯视为战略伙伴。12月17日，美国特朗普签署了对"北溪 - 2"项目实施制裁的法令，制裁参与该项目建设的企业及个人，随后承建商瑞士—荷兰公司Allseas宣布退出，"北溪 - 2"项目完工时间被迫延期。

五 2020年波兰的外交动向

2020年新冠肺炎疫情发生后，波兰的总统大选被迫延期至6月举行，但杜达仍然成功实现连任，波兰政府也大体延续了疫情前的对外政策。

在疫情之下，波兰一方面寻求与法德改善关系，一方面仍坚决为维护本国利益与欧盟讨价还价。2020年2月，法国总统马克龙对波兰进行了正式访问，并与杜达总统在会谈后发表了联合声明，两国外长也签署了《波兰—法国战略伙伴关系计划》，推动波法关系进一步改善。3月中旬，在新冠肺炎疫情在欧洲悄然蔓延之际，维谢格拉德集团四国外长与德国外长进行了对话。由于波兰将从2020年7月起担任该集团的轮值主席国，而德国与此同时将担任欧盟轮值主席国，

---

① 《波兰总统说坚决反对北溪 - 2项目》，新华网，2019年2月22日，https: // baijiahao. baidu. com/s？ id = 1。

波兰积极利用这次对话向德国表达其在欧洲一体化上的优先关切。尤其是在维护波兰周边安全上，波兰坚持要求欧盟必须维持对俄罗斯的统一立场，并呼吁欧盟推进西巴尔干国家入盟进程，在下一次的欧盟理事会上就北马其顿和阿尔巴尼亚入盟问题做出积极决定。① 10 月，波兰还与法国和德国重启了沉寂已久的"魏玛三角"外长级对话，重点讨论欧盟的周边局势。但与此同时，波兰与欧盟之间的龃龉也在继续。波兰的疫情管控措施遭到了欧盟的批评，而欧盟试图将法治作为政治条件嵌入 2021～2027 年的预算拨款中的做法也遭到了波兰的反对，最终在德国的大力协调下，波兰才向欧盟做出了妥协。

波兰与美国的同盟关系并未因疫情受到实质性影响，反而是拜登当选成为影响波美关系的新变量。在美欧疫情刚刚有所缓和、波兰举行第一轮总统大选之前，杜达就于 2020 年 6 月 24 日访问了美国，成为疫情期间首位访问白宫的外国领导人。杜达与特朗普除讨论合作应对疫情之外，仍然延续了之前波兰一再要求美国加强在波兰境内军事部署的话题。国际舆论普遍认为，杜达此行目的更多是出于为赢得连任巩固选票的考虑。波兰对美国的亦步亦趋也得到了特朗普政府的回报。8 月，美国国务卿蓬佩奥访问中欧四国，最后一站落脚华沙，与波兰签署了《加强防务合作协议》，正式确定了前一年双方达成的关于美国向波兰增兵 1000 人的协议，从而向波兰孜孜以求的美国永久驻军的目标迈进了一步。但是，11 月美国总统大选经过胶着的拉锯战之后，拜登宣布胜选，与特朗普关系密切的杜达在时隔一个月之后的 12 月 15 日才正式祝贺拜登当选，反映了波兰对民主党政府的犹疑。欧洲观察家认为，拜登当选削弱了欧洲的民粹主义，是重建美欧关系的机会，而德国将是拜登政府首要的跨大西洋伙伴，这将引起波

---

① J. C. -Klikowska：《维谢格拉德集团成员国外交部长与德国磋商 2020 年合作计划》，中国 – 中东欧研究院，2020 年 7 月 9 日。

兰的不满。① 重新校准波美关系无疑是2021年波兰外交的首要任务。

在对俄关系上，波兰在2020年5月更新的《国家安全战略》中，不仅坚持亲美反俄的立场，而且进一步明确将俄罗斯作为首要威胁。与2014年发布的上一份《国家安全战略》相比，波兰更加明确地指出，俄罗斯在波兰周边推行"新帝国主义政策"，破坏欧洲安全体系。波兰尤其强调，俄罗斯利用散布虚假信息等混合战手段分裂北约和欧盟。② 为此，波兰仍然寻求通过加强北约在其东部侧翼的军事存在，以及通过三海倡议和布加勒斯特九国模式等区域合作机制，来提升该地区国家在军事和能源上抵御俄罗斯施加压力的能力。

总体而言，2019～2020年，虽然波兰的外交格局中出现了对欧关系缓和的积极迹象，但是波兰和法德在欧洲一体化走向上的结构性矛盾依旧，而波兰在对美外交上取得的进展是以加深美欧分歧、加剧美俄对抗为代价的。随着拜登上台后将修补跨大西洋关系作为首要的外交选项，波兰政府势必要在既有的疑欧、亲美和反俄的外交政策的基础上，在具体的议题领域根据大国关系的变化做出相应的政策和手段的调整。

---

① Judy Dempsey, "Judy Asks: Are Europe's Leaders Ready for a Biden Presidency?" Carnegie Europe, November 2020, https://carnegieeurope.eu/strategiceurope/83210.

② *National Security Strategy of The Republic of Poland*, Warsaw, 2020.

专 题 报 告
Special Reports

B.5
波兰对美国外交政策

向 扬*

摘 要： 波兰历史上一直在国家安全忧患意识与自身发展壮大
的梦想的漩涡中前行。波兰与美国有着深厚的历史渊
源，在与美国的外交关系的演变中，尽管波折不断，
不同时期对美外交政策不断调整变化，但其始终是波
兰追求现实利益和寻求战略平衡相结合的产物。基于
维护国家安全和扩大地区影响力的考虑，近年来，波
兰与美国在反恐、导弹防御和能源安全等领域合作中
表现出亲密的外交关系，但与俄罗斯及欧盟则出现不
少分歧。近期波兰过度亲美的外交政策对波兰与俄罗
斯、欧盟的关系甚至自身安全都产生了较大影响，对

* 向扬，美国德雷克大学职业法律博士，重庆交通大学经济与管理学院副教授，重
庆交通大学欧洲研究中心研究员，主要研究方向为国际商法、知识产权法与社会
法等。

国际形势及波兰自身安全与发展有利也有弊，如何更好地调整对美外交政策值得深思。

关键词： 波兰 美国 外交政策

在波兰的外交关系中，波兰与美国之间有着浓厚的历史渊源。如果从最初的波兰移民抵达美洲大陆算起，波兰与美国的关系至今已有400多年的历史。二战后，波兰对美国也存在着复杂的感情，1989年东欧剧变后波兰开始外交与安全转型，"回归欧洲"与亲近美国外交战略同步走。2020年7月，波兰执政党——法律与公正党的总统候选人杜达成功连任，并于同年8月15日同美国签署了《加强防务合作协议》，确定了美国在波兰境内增设1000名驻军、部署美陆军第五军司令部前沿指挥所，以及设立北约东翼部队军事指挥中心的军事部署。同时，波兰还承诺为美军提供食宿、燃料及分担军事演习等相关事项的开销。① 波兰为什么如此亲近美国？本报告从介绍2015年法律与公正党执政以来波兰对美国外交政策的现状入手，分析波兰对美外交政策的影响因素，以及探讨亲美外交政策对国际和波兰国内形势带来的影响及挑战等问题。

一 波兰对美国外交政策现状

2015年，波兰法律与公正党击败公民纲领党，在议会选举中取

① 《美波签〈加强防务合作协议〉，为美军驻扎波兰铺路》，新浪网，2020年8月16日，http：//k. sina. com. cn/article_ 2730765330_ a2c42c1202000uiwr. html? from = news&subch = onews，访问时间：2021年3月25日。

得胜利,拥有了独立组阁的资格,这是自1989年以来第一个实现一党执政的政府。①

(一)法律与公正党的思想纲领与内政外交理念及其变化

波兰法律与公正党创建于2001年,创建人是莱赫·卡钦斯基(波兰前总统)与其孪生哥哥雅罗斯瓦夫·卡钦斯基。该党主张:在政治与社会政策上,实行政治家财产公开制度,建立反腐败机构,同犯罪现象作斗争,严惩犯罪分子,甚至临时恢复死刑,同时实行向家庭倾斜的政策;在国家安全上,法律与公正党带有浓重的民粹主义色彩,它主张民族利益、国家利益高于一切;在外交政策方面,法律与公正党在奉行近欧、亲美、睦邻周边的方针的同时,大力发展全方位外交,强调在对外交流中维护本国利益。

2012年3月波兰政府通过了《波兰外交政策优先方向2012—2016》②的文件,该文件总结了波兰的外交重点和优先方向。第一,追求强大的政治联盟——欧盟;第二,扮演稳定的跨大西洋秩序中可靠盟友的角色;第三,推动不同维度的区域合作以促进本国安全和经济的强劲增长;第四,推行发展合作战略,并借此积极推进民主和人权。对于美国,波兰认为美国是波兰非常重要的非欧洲伙伴,其重要性尤其体现在安全领域。③2014年乌克兰危机之前,波兰的确按照此外交政策发展与欧美俄的关系,成为整个欧洲的政治经济"明星",如2014年波兰总理图斯克当选欧洲理事会主席,波兰积极发挥"魏

---

① 韩梅、高帆:《法律与公正党获得独立执政资格》,搜狐新闻,2015年10月28日,https://www.sohu.com/a/38173015_114812,访问时间:2021年4月12日。

② Ministerstwo Spraw Zagranicznych, "Priorities of Polish Foreign Policy 2012 – 2016", March 2012, https://www.msz.gov.pl.

③ Andrzej Dąbrowski, "Poland's Policy towards the United States", *Yearbook of Polish Foreign Policy in 2011 – 2015*, p. 151.

玛三角"（德国、法国、波兰）的作用，使自己一步步朝着地区大国迈进。

2014 年乌克兰危机及"北溪－2"项目（铺设一条以俄罗斯为起点，途经波罗的海海底，绕过乌克兰，最终到达德国，并由德国延伸至其他欧洲国家的天然气管道）的启动，引发了波兰极度的地缘不安全感，俄罗斯与波兰的地缘对峙矛盾激化。同时，波兰也担心德国与俄罗斯亲近而对波兰造成极大的安全威胁，因此希望美国作为欧洲力量的"平衡器"，通过加强与美国的伙伴关系增强波兰的军事防御能力。

2015 年法律与公正党上台执政后在经济上吸收了左翼的社会福利政策，但在社会生活和文化方面却属于右翼，并将天主教作为其捍卫执政合法性的文化和精神武器。杜达的欧洲主义原则立足于"国家的欧洲"而不是"欧洲的国家"理念。波兰政府认为法律与公正党并非全盘否定和挑战欧盟存在的合理性，但认为欧盟必须改革。对于本届政府而言，欧盟只是一个超国家机构，而真正要对波兰负责的还是波兰自己。同时法律与公正党政府发起司法改革，通过了三项法案：第一项是与最高法院相关的法案，其内容是最高法院现任法官必须全部卸任，新法官由司法部长提名并经全国司法委员会批准后上任；另外两项法案的内容分别是全国司法委员会成员必须由议会来任命，而普通法院的首席法官必须由司法部长来任命。由于上述法案与欧盟宪法相抵触，波兰受到欧盟的法律诉讼与制裁，双方陷入长期纷争。波兰当局谴责欧盟此举粗暴干涉波兰内政。因此，波兰政府重新审视其与俄德美的关系，不允许欧盟通过法律和行政手段不断侵蚀波兰的民族国家主权。另外，在难民问题上，波兰自 2015 年以来便拒绝接受欧盟安置难民的强制分配制度，其给出的理由是当前形势下波兰接收的乌克兰移民已经非常多，超出了其能够安置其他国家难民的能力，至此波兰被认为是对欧盟的

难民处置措施批评最激烈的国家。①

因此，面对乌克兰危机以及"北溪－2"项目争端，波兰认为自己的安全受到了来自俄罗斯的威胁，加上与欧盟在许多问题上存在分歧，自2015年杜达总统就任以来，法律与公正党政府调整近欧、亲美、睦邻周边的方针，波兰的外交政策从"回归欧洲"转变为"亲美疑欧"。② 2017年，波兰政府通过了《波兰外交政策战略2017—2021》，该文件指出波兰把加强与美国的跨大西洋伙伴关系以及扩大美国在欧洲的存在作为发展与美国外交关系的长远目标。③同时，波兰民众给予波美关系很高评价，超过三分之二的受访者将美国视为波兰最重要的伙伴。④ 对于波兰的执政党和反对党而言，让美国继续充当"欧洲力量"并防止北约内部爆发冲突是至关重要的任务。波美两国在2019年的合作非常成功，波兰总统安杰伊·杜达（Andrzej Duda）和美国总统唐纳德·特朗普在2019年举行了两次会晤，分别签署了《关于美利坚合众国武装部队在波兰领土进行国防合作的联合声明》（*Joint Declaration on Defence Cooperation in the Presence of the United States of America Armed Forces on Polish Territory*）以及《深化波美军事合作的联合声明》（*Joint Declaration Deepening the Polish-American Military Cooperation*）。2019年11月6日，美国总统签署了授权波兰加入美国免签计划（American Visa Waiver Program）的文件。自2019年11月11日（恰好是波兰独立日）起，

---

① Kamil Zwolski, "Poland's Foreign-Policy Turn", *Survival*, Vol. 59, No. 4, 2017, pp. 167 – 182.

② 高歌：《亲美疑欧：波兰外交的个性》，《世界知识》2019年第3期，第38～39页。

③ Andrzej Dąbrowski, "Poland's Policy towards the United States", *Yearbook of Polish Foreign Policy in 2017*, p. 71.

④ Andrzej Dąbrowski, "Poland's Policy towards the United States", *Yearbook of Polish Foreign Policy in 2017*, p. 71.

波兰人获得了以旅游或商务目的前往美国停留 90 天的权利, 并且无须提前申请签证。①

(二) 波兰发布新版《国家安全战略》, 坚持亲美反俄路线

2020 年 5 月 12 日, 波兰发布的新版《国家安全战略》体现了鲜明的亲美反俄立场。在借鉴美国 2017 年版《国家安全战略报告》结构的基础上, 波兰在新版战略报告中强调了在国家安全领域关乎国家利益的四个方向。与 2014 年的旧战略相比, 这四个方向可总结为: 一是要维护国家和公民的独立、领土完整、主权和安全; 二是要以尊重国际法为基础, 建立新的国际秩序, 进一步确保波兰的安全与可靠发展; 三是要增强人民对国家的认同感, 进一步维护国家的形象; 四是确保制定的社会经济发展政策具有持续性与平衡性, 加强环境保护。② 新战略在对如何维护国家和公民的独立、领土完整、主权和安全的分析中, 将俄罗斯从作为影响安全的重要因素转变为第一威胁。这一威胁安全因素的巨大改变, 代表着虽然波兰将安全政策的重点放在保持与维护和北约、欧盟、美国的防务合作关系上, 但这也使得其军事和外交政策反对俄罗斯的立场显得更加重要。

在历史上俄罗斯曾经对波兰的吞并, 以及现实中波兰认为俄罗斯对其存在严重威胁的双重因素的影响下, 波兰成为在反俄立场上与美国走得最为接近的欧盟国家。新战略这种鲜明的亲美反俄立场, 一定程度上使欧洲的安全局势动荡, 给维持稳定友好的欧洲国际关系带来了负面影响。2020 年 1 月 30 日英国成功脱欧后, 波兰希望取代英国

---

① Joanna Ciesielska-Klikowska:《波兰外交政策 2019 总结》, 顾星雨译, 中国社会科学网, http://www.china-cee.eu, 访问时间: 2021 年 4 月 12 日。

② 韩春阳、张钰、苟子奕:《波兰新版〈国家安全战略〉解读: 将俄罗斯作为首要威胁》,《军事文摘》2020 年第 7 期。

成为美国在欧盟内的"左膀右臂",不仅在军事建设上答应美国的要求,即将国防支出提高到本国 GDP 的 2% 以上,[①] 而且在慕尼黑安全会议上要求欧洲各国制造更多的坦克来"对付"俄罗斯,从而使波兰充当起"北约模范"和反俄"急先锋"的角色以达到积极迎合美国的目的。此举势必引起俄罗斯党派的不满,一些欧洲国家也担心俄罗斯会在波兰过度亲美态势下采取不利于欧洲安全的举动。然而,波兰的新版战略报告仍然以保护国家安全的名义十分高调地坚持"亲美反俄"的路线。[②]

(三)全面加强与美国的战略合作

2015 年法律与公正党执政后,波兰与美国在各个领域的合作更加密切。在经济上,为了减少对俄罗斯能源的依赖,2018 年波兰与一家美国液化天然气公司签署了一项长达 24 年的天然气供应协议。在军事方面,波兰总统杜达指出,必须出台一个长久的万全之策来确保波美关系不受美国政府换届或政策变动的影响:让美国在波兰保持持久的军事存在,并且由波方承担美军的所有驻军费用。杜达强调,加强两国的军事合作有助于巩固两国的双边关系。2018 年 9 月,杜达访美时提议,波兰方面出资约 20 亿美元来供给美在波兰建设名为"特朗普堡"的永久军事基地。次年 3 月,波兰又计划花费 500 亿美元采购美国武器。在 2020 年波兰总统大选前夕的 6 月 25 日,杜达专程访问了美国,并就军事和能源安全议题与美国总统特朗普进行了对话,双方在能源和军事领域达成了多个合作协议。同时,杜达多次向特朗普表示希望美国扩大驻波美军

---

① Andrzej Dąbrowski, "Poland's Policy towards the United States", *Yearbook of Polish Foreign Policy in 2017*, p. 70.

② 韩春阳、张钰、荀子奕:《波兰新版〈国家安全战略〉解读:将俄罗斯作为首要威胁》,《军事文摘》2020 年第 7 期。

的规模，以及在波兰建立永久军事基地。波兰多重亲美政策的提出促进了波美两国 2020 年 8 月 15 日《加强防务合作协议》的签署，从而为美国在波兰永久驻军铺平了道路，波兰的"万全之策"目标似乎已经达成。

二 波兰对美外交政策的影响因素分析

波兰对美外交政策体现了波兰作为一个主权国家从历史、现实出发追求国家利益，防范俄罗斯威胁，平衡德国在欧盟中的地位，追求国家安全的目的。同时，波兰对美政策也是发展经济、增强经济实力，提高国家影响力，追求地区大国地位，打造国家形象，对美国经济、能源等领域的依赖程度不断加深，积极寻求美国支持的结果。

（一）国家安全的需要

对历史经验的重视使波兰始终把国家安全放在外交工作的首位。正如前面所说，历史经验是贯穿冷战后波兰外交的一项"重要原则"。历史上的境遇给波兰留下了深刻的启示。一方面，来自欧洲东西方，俄罗斯和德国均参与过对波兰的三次瓜分，数次亡国的遭遇促使波兰将德国和俄罗斯视为自身安全的最大威胁。特别是2014 年乌克兰危机以后，波兰对俄罗斯"威胁"的担忧越来越大，不仅因为波兰与乌克兰交界，还因为波兰与俄罗斯在欧洲具有战略意义的"军事要塞"——飞地加里宁格勒交界。同时，其他欧洲国家对波兰悲惨遭遇的旁观甚至历史上出现的"趁火打劫"加剧了波兰对欧洲的不信任。入盟后，由于历史原因，虽然波兰对欧洲国家的不信任没有导致波兰与欧盟关系产生一定程度的恶化和倒退，但在地区安全以及民主治理等诸多方面双方分歧尤为突出，主要体现

在简单表决机制和难民政策的分歧上。2004年疑欧主义的右翼政党——法律与公正党上台，反对以法德为领导的55％的成员国同意且同意国人口总数达到65％的涉及欧盟人口决策表决的"有效多数表决机制"，主张《尼斯条约》确定的一国一票制的"简单表决机制"，此举促使波兰与法德的关系降到历史冰点，由此波兰被欧盟贴上了"新的难对付的伙伴"的标签。① 波兰与欧盟的另一分歧涉及难民危机，波兰政府拒绝无条件接收难民，尤其抨击德国的难民政策。2016年3月，布鲁塞尔的地铁恐怖袭击事件发生后，波兰立即宣布拒绝无条件接收难民，此举致使2017年8月欧盟启动了针对波兰的"违背义务惩治程序"。

另一方面，波兰方面认为美国是维护波兰安全的重要保障。波兰政论分析家雅阁鲁斯·鲁尼克指出，"一战后美国离开欧洲导致糟糕的中欧状况，二战后美国留在欧洲为1989年后中欧国家主权和民主创造了条件，这段历史表明美国具有保护欧洲免遭其自身恶魔影响的力量"②。美国对波兰国防军事现状的帮助稳定延续了波兰亲美的基调，使波兰认同"美国的霸权有助于解决世界的无政府状态"，坚决支持美国在欧洲的军事存在，认为欧洲在没有美国保护的情况下将不具备足够的维护自身安全的能力。③ 出于对国家安全的考虑，波兰在北约国家中率先支持美国在欧洲部署国家导弹防御系统并且同意美国在波兰境内建立导弹防御系统设施，同时在国际会议上要求欧盟国家增加防务开支。即使在2020年新冠肺炎疫情期间，波兰仍于2020年

① 姬文刚：《东欧剧变30年来波兰的外交与安全转型》，《山西大学学报》（哲学社会科学版）2019年第2期，第118页。
② Jacques Rupaik, *New Geopolitics in CEE Between US and EU*, Stefan Batory Foundation, Warsaw, 2005.
③ 狄会深：《波兰新实践时期的对外战略》，《国际论坛》2003年第9期。

5 月 12 日颁布了《国家安全战略》① 并于同年 8 月 15 日与美国签署了《加强防务合作协议》。②

（二）发展经济及巩固在欧盟中的地位、扩大地区影响力的需要

在欧洲历史上，波兰也曾有过大国的辉煌。15 ~ 16 世纪，波兰与立陶宛合并为波兰—立陶宛联邦，成为中欧强国，日耳曼条顿骑士团、奥斯曼土耳其人和莫斯科大公国相继被他们击败，普鲁士甚至都成为其藩属。

波兰自 1918 年 11 月 11 日恢复独立以来，历经百年的发展变迁，尤其是自 1990 年开始施行经济自由化政策以来，其经济不仅成功避免了 2008 年全球金融危机带来的冲击，目前也仍以非常高的速度发展。波兰已连续近 30 年维持着高经济增长率。根据波兰中央统计局（GUS）的统计资料，2018 年波兰经济增长率为 5.35%，2019 年波兰经济增长率为 4.54%。③ 即使在 2020 年全球新冠肺炎疫情影响下，波兰 5 月份的失业率也仅为 6%，而 2014 年 5 月该数据为 12.5%，在波兰工作的人数近几年间增加了 140 万。④ 波兰经济状况在欧盟国家中名列前茅，经济总量居欧盟成员国第六位，排名东欧首位，并领

① 《波兰发布国家安全战略　应对不断变化的安全局势》，搜狐新闻，2020 年 5 月 14 日，https：//www. sohu. com/a/395105241_ 635792。

② 《美波签〈加强防务合作协议〉，为美军驻扎波兰铺路》，新浪网，2020 年 8 月 16 日，http：//k. sina. com. cn/article_ 2730765330_ a2c42c1202000uiwr. html？from = news&subch = onews，访问时间：2021 年 3 月 25 日。

③ Przewodniczący and Redaktor Główny, *Statistical Yearbook of the Republic of Poland*, Warsaw, 2020, pp. 68 – 79.

④ "w dobie koronawirusaprzyrostbezrobocia w Polscebyłjednym z najniższychprocentowo w UE i jest to naszewielkieosiągnięcie", https：//www. gov. pl/web/premier/premier – w – dobie – koronawirusa – przyrost – bezrobocia – w – polsce – byl – jednym – z – najnizszych – procentowo – w – ue – i – jest – to – nasze – wielkie – osiagniecie.

先比利时及奥地利等西欧国家。波兰已成为中东欧地区发展最快的国家，并正在向欧盟四大经济强国靠近。波兰被世界银行和国际金融公司誉为营商环境改善速度最快的欧盟经济体，更赢得"欧洲经济之虎"的美称。

　　凭借经济上的稳步发展，波兰希望巩固在欧盟中的地位，扩大地区影响力。尽管法律与公正党上台后与公民纲领党、现代党、波兰农民党主张的"共建对欧依赖性主权"①的理念不同，其对待欧洲一体化强调国家主权的自主和独立，②在加入欧盟后法律与公正党政府同欧盟成员国在制宪危机与难民问题上有着分歧，对德国与俄罗斯合作开发"北溪-2号"项目有诸多不满，但波兰各政党在外交政策上都主张不能放弃北约与欧盟，应利用北约和欧盟发展经济，巩固自己在欧盟中的地位，扩大地区影响力。同时，波兰凭借在维谢格拉德集团中同匈牙利、捷克、斯洛伐克之间的密切联系，提高其在集团中的对外政策协调能力。2016年波兰与克罗地亚共同发起"三海倡议"，旨在促使亚得里亚海、波罗的海和黑海沿岸的欧洲国家共同发展，并强调优先深化贸易、能源和基础设施领域的合作，加快推进本国的能源多元化战略，加强包括波兰在内的12个中东欧国家间的合作能力，抵消来自俄罗斯的能源安全威胁。在欧洲之外，波兰主张与亚洲（尤其是中国）、非洲、中东等国家开展合作。③此外，波兰在全球治理方面对国际组织的公信力尤为关注，并积极践行国际义务。波兰于2017年6月与科威特、秘鲁等国被选为

　　① Krzysztof Cebul, "Image of the European Union from the Perspective of the Debate Held in the Polish Parliament on the Information of the Minister of Foreign Affairs on the Tasks of Foreign Policy of Poland in 2017", *On-line Journal Modelling the New Europe*, Vol. 26, No. 1, 2018, pp. 4-14.

　　② Witold Waszczykowski, "Government Information on the Polish Foreign Policy in 2016", *Yearbook of Polish Foreign Policy in 2016*, p. 14.

　　③ Witold Waszczykowski, "Government Information on the Polish Foreign Policy in 2016", *Yearbook of Polish Foreign Policy in 2016*, p. 18.

2018 年和 2019 年的安理会非常任理事国。2020 年 7 月，波兰成功获得欧盟复苏基金协议批准的 300 多亿欧元的经济援助，总理马泰乌什·莫拉维茨基对此发表评论，"此次获得的胜利表明波兰在欧盟的重要性比前几年大得多，波兰正在开启在欧盟的新篇章"[①]。波兰始终认为所有这一切都离不开美国的支持，尤其是认为能源合作可以吸金美国，成为双方深化合作的现实立足点。

三　近期波兰过度亲美外交政策的利弊分析

东欧剧变以来波美两国在外交层面呈现互惠互利的关系：美国支持波兰加入北约，波兰则在反恐方面向伊拉克和阿富汗派兵，同时两国在导弹防御、经济增长、能源安全等领域及在中东欧地区进行合作。杜达总统上台以来，波兰政府更是将自己与美国捆绑在一起，甚至对美国产生过度妥协与依赖，这是不是波兰的最佳的外交战略选择呢？

（一）有利方面

一是促进波美关系发展，可强化波兰自身军事防御能力。[①] 美国希望通过发展与波兰的外交关系将周边国家吸引到美国身边来并引领其发展；波兰则希望通过美国的帮助加快经济转轨与发展，扩大对欧洲其他国家的影响力。波兰积极支持美国"东欧导弹防御计

---

① Sukcesnaszczycie Rady Europejskiej-wynegocjowali ś myponad 750 mldzł z budż etuunijnegoi Europejskiego Instrumentunarzecz Odbudowy, July 2020, https：//www. gov. pl/web/premier/sukces － po － szczycie － rady － europejskiej － － wynegocjowalismy － ponad － 750 － mld － zl － z － budzetu － unijnego － i － europejskiego － instrumentu － na － rzecz － odbudowy.

① Andrzej Dąbrowski, "Poland's Policy towards the United States", *Yearbook of Polish Foreign Policy in 2011 － 2015*, p. 152.

划"，2016 年 5 月美国在罗马尼亚启动部署反导系统导弹拦截站，在波兰伦济科沃建立反导系统。2018 年 3 月底，两国签署关于波兰购买美国"爱国者"导弹防御系统的合同，涉及金额共计 47.5 亿美元。但在该合同签订一个月前，波兰与美国率先签署了一项"爱国者"补偿协议，美国承诺向波兰投资以补偿波兰购买该反导系统产生的花销。由此可见，波兰购买并部署该导弹防御系统可谓一箭双雕，在进一步夯实与美国关系的同时，可以强化自身军事防御能力。

二是开放北约驻军，有利于保障波兰的国家安全。如上所述，国家安全问题一直是波兰关注的重要问题。波兰一直把美国视为维护其国家安全的重要保障。尤其是在 2014 年乌克兰克里米亚公投事件中，俄罗斯所起的巨大推进作用，让波兰对国家安全的担忧更加深切。[1]美国在波兰部署导弹防御系统，进一步加强了北约在波兰的军事存在和影响力。2020 年波美签署了《加强防务合作协议》，合作协议中提出增加美国在波兰驻军，美陆军第五军司令部前沿指挥所及北约东翼部队的军事指挥中心设立在波兰；同时，波兰提供 1.35 亿美元用来支持美军建设相关基础设施并分担军事演习的相关开销，在物质上为美军提供食宿、燃料、武器装备储存等支持。这一合作协议为部分从德国撤出的美军轮换部署到波兰提供了条件，由此美军在波兰驻军达 5500 人。[2]尽管这些过度亲美、"一边倒"的外交政策在波兰国内引发诸多不满，但波兰政府坚持这是国家安全所必需的，杜达总统表

---

① Andrzej Dąbrowski，"Poland's Policy towards the United States"，*Yearbook of Polish Foreign Policy in 2011 – 2015*，p. 152.

② 张章：《美波签〈加强防务合作协议〉，为美军驻扎波兰铺路》，新浪网，2020 年 8 月 16 日，http://k.sina.com.cn/article_ 2730765330_ a2c42c1202000uiwr.html？from = news&subch = onews。

示，这"将使波兰所处的欧洲东部地区更加安全"①。而且在美国和北约的庇护下，波兰政府认为可以拥有更强的能力来面对俄罗斯的威胁，波兰人民将获得更长久的和平与稳定。

(二)不利方面

第一，恶化波俄关系。波兰在美国和俄罗斯之间进行选边站队，将使波俄关系跌入低谷。尤其是波兰极力拉拢美国在东欧部署反导系统、在波兰驻军，给波俄关系造成了更深的裂痕。同时，波兰支持美国扩大对俄罗斯"北溪-2"天然气管道项目的制裁范围，舍近求远与美国开展能源合作，使本就不睦的波俄关系雪上加霜。波兰将自己推向美俄对抗的最前线，必定加剧当地局势紧张，引发新的军备竞赛，使俄罗斯发展更为先进的攻击性武器。在新冷战的思维下，俄美两国摩擦不断，在俄罗斯眼中，波兰已经成为美国在欧洲的一块"飞地"。如果美俄发生军事冲突，作为缓冲地带的波兰难免卷入其中。美国"政治"网站就波兰与美、俄三者之间的关系在网络上刊发文章评论："波兰将如此多的鸡蛋放在美国的篮子里是一项充满风险的战略。"②

第二，加剧与欧盟伙伴关系的分化。加入北约、欧盟东扩，波兰毋庸置疑地成为其中的最大受益者。北约与欧盟成为波兰外交与经贸发展的两翼，加入北约保障了波兰的国防安全，欧盟东扩则实现了波兰与欧洲单一市场全方位的对接和融合，为国内经济发展提供了广阔

---

① 张章：《美波签〈加强防务合作协议〉，为美军驻扎波兰铺路》，新浪网，2020年8月16日，http://k.sina.com.cn/article_2730765330_a2c42c1202000uiwr.html?from=news&subch=onews。

② 于洋、青木、丁廷立、柳玉鹏：《靠向美国，波兰战略的得与失》，搜狐网，2019年1月15日，https://www.sohu.com/a/289014119_162522?_f=index_chan10news_3。

空间。① 但近年来，波兰过度追随美国的做法使以德法为首的欧盟不满。如美国单方面宣布从德国撤军，2020 年 8 月美波签署协议的时间点恰好是在美国宣布从德国大幅削减驻军之后。2020 年 7 月美国新年度《国防授权法》在参众两院以投票的形式获得通过，该法案延长了对参与"北溪－2"项目的建设公司的制裁，直接影响了 12个欧洲国家的 120 多家公司。"北溪－2"项目旨在铺设一条以俄罗斯为起点，途经波罗的海海底，绕过乌克兰，最终抵达德国并经德国干线管道将天然气输送给其他欧洲国家的天然气管线，这一举措促使德国成为欧洲能源的中转枢纽，将使欧洲能源进口实现多元化。但波兰却跟随美国步伐，支持美国将竞争对手俄罗斯排挤出欧洲能源市场。从防务问题到"北溪－2"项目争端，从反对"德法"到拒绝接收分配的难民配额，这些引起欧洲盟友对波兰的不满。波兰过度亲近美国、冷落欧洲的做法会使自己在欧盟进一步获得经济上的支持大打折扣，也会对自己恢复理想中的欧洲大国地位，提高自己在欧洲的影响力带来极大的挑战。

第三，可能侵蚀波兰自身主权和影响其独立自主地位。加入北约和欧盟后的波兰始终没有摆脱自身安全的困境。诚然，增加美国在波驻军等举措对俄罗斯会起到一定的威慑作用，但波兰为美军提供食宿、燃料、武器装备储存等支持，以及每年为支持美国驻军及分担军事演习的相关开销十分巨大，经济上的代价实在是不可小觑。同时，这也可能会侵蚀波兰自身主权和影响其独立自主地位。由于波美《加强防务合作协议》的文本尚未公开，波兰媒体对于常驻美军在波兰的法律地位问题也众说纷纭，波兰国防部在新闻公报中称波兰在重大事

---

① 姬文刚：《东欧剧变 30 年来波兰的外交与安全转型》，《山西大学学报》（哲学社会科学版）2019 年第 2 期，第 118 页。Jacques Rupaik, *New Geopolitics in CEE Between US and EU*, Stefan Batory Foundation, Warsaw, 2005.

件决策上具有对美军的司法管辖权，但也有一部分媒体坚持驻波美军不会受到波兰司法管辖的观点。[①] 正如波兰《论坛报》总编辑卡济诺夫斯基所指出的，波兰应该通过历史寻找经验，拒绝一味地否定自身的历史，妥善处理好与德国和俄罗斯的关系而不是盲目地追随美国。[②]

结　语

对于地处"欧洲心脏"位置的波兰来说，不论是西边的德国、奥地利，还是东边的俄罗斯，只要它们向外扩张，波兰就是必经之地。波兰地缘政治的不可抗拒性决定了它必须平衡好来自外部力量的影响和内部自求发展以追求利益最大化之间的矛盾，即体现在外交政策上的依赖性与务实性之间的矛盾。诚然，出于对自身国家安全的考虑，波兰注重与美国关系的发展，试图依靠美国强大的军事力量对周边国家的军事威胁起到一定的威慑作用。但是，对于身处北约前沿的波兰来说，美国始终是地区外大国，如果俄罗斯威胁到波兰的国家安全，美国是否会全力支持波兰？从波美关系发展，美国历次对波兰的利用压榨，推行遏制俄罗斯、德国和法国的模式来看，这完全可能是一种幻想。但似乎波兰并没有丢掉幻想，尤其是 2015 年法律与公正党执政以来，无论是军事上与美国签署《加强防务合作协议》，增加美国在波兰驻军，为美军提供食宿、燃料、武器装备储存等支持，还是在经济上波兰反垄断部门以俄罗斯在建"北溪-2"项目缺少工作

---

① 《美国强化在波兰的军事存在，波兰舆论：主权受损、耗资巨大、得不偿失》，中国青年网，2020 年 8 月 16 日，https://baijiahao.baidu.com/s? id = 167515 0954070433021&wfr = spider&for = pc。

② 于洋、青木、丁廷立、柳玉鹏：《靠向美国，波兰战略的得与失》，搜狐网，2019 年 1 月 15 日，https://www.sohu.com/a/289014119_ 162522? _ f = index_ chan10news_ 3。

许可为由，对俄气罚款 76 亿美元，① 以及与欧盟在司法改革、难民问题等方面明目张胆的对峙，亲美、疑欧、反俄态势日趋明显。如果波兰能够转变思路，利用好近些年来良好的经济发展形势以及在欧盟地位上的巩固，奉行相对中立的独立自主的外交路线和政策，不再为美国全球战略摇旗呐喊，转而奉行公平竞争原则，缓和波俄紧张关系，加强与欧盟伙伴关系，成为俄罗斯与美国的"和事佬"及地区和平稳定的坚定支持者，也许更有助于促进自身发展以及维护世界和平。

---

① 吴刚：《俄外交部：波兰对俄气罚款有损欧洲消费者利益》，腾讯网，2020 年 10 月 9 日，https://new.qq.com/omn/20201009/20201009A00L7900.html。

B.6
波兰非政府组织管理立法及实践

余元玲*

摘　要：　非政府组织在波兰历史进程中产生了重要影响。波兰政府出台众多法律法规，对非政府组织的设立条件、登记程序、活动范围、税收政策、程序要求、政府监管以及志愿者权利义务等方面进行了详细规定。波兰宪法、税法、协会法及公益活动法等为政府管理非政府组织提供了法律依据，也为非政府组织的建立及发展提供了法制保障。2015 年以前波兰对于非政府组织是以鼓励、扶持为主。2017 年波兰《国家自由协会法》的颁布，标志着波兰政府对非政府组织的管理收紧。波兰政府通过经费、舆论等渠道加强对非政府组织的管控和引导。

关键词：　波兰　非政府组织　《国家自由协会法》

一　波兰非政府组织发展概述

（一）组织称谓及类别

非政府组织（NGO）是一股新型的社会力量，也是民主社会的

---

* 余元玲，法学博士，重庆交通大学副教授，主要从事国际经济法、资源与环境保护法、交通运输法、教育国际合作与交流等领域的研究。

显著标志，在社会公共管理领域中其作用不可或缺。对非政府组织的不同称谓，体现了对其不同属性的强调，如"非营利性组织"，强调的是其和企业的区别；"非政府组织"强调的是其与政府的区别；"第三部门"、"第三域"或"独立部门"，强调的是其与政府和市场的区别，即独立于政府和营利性部门之外的组织属性；"志愿组织"强调的是其在管理和行为中的志愿性；"慈善组织"则强调的是其具有的公益慈善属性。波兰对非政府组织在法律上用"民间团体"（civil society）的称谓，强调其公益性和志愿性。其主要形式分为协会（association）和基金会（foundation）两种。

（二）发展历程及作用

波兰非政府组织经历了不同历史时期的发展，在不同的历史阶段发挥了不同的作用。如剧变前的波兰非政府组织，有以生态环保为主题的公益性非政府组织，有民族文化活动组织，有成员利益组织和以推进人权、公民权利为宗旨的非政府组织。这些组织有着泛政治化的倾向，他们积极参与政治，参加议会选举、推动国家政策制定等都是他们的惯常活动。这些社会组织一方面推动公民社会的发育，提高了公民参与公共生活的能力，另一方面直接促进了民主化、市场化改革的进行。经济转轨前后的波兰非政府组织对于促进社会公平和消除权贵私有化发挥了积极作用。剧变后波兰工会成为波兰成员利益组织的主要形式，工会在推动社会变革后产生了分化，一部分成为政党，另一部分继续保持成员利益组织的特性。剧变后从团结工会分裂出来的团结工会-80继承了1980年工潮的传统，代表工人利益，放弃扮演好斗、干涉主义、罢工领导者的角色，转而成为劳资对话和和解力量的协调者、社会合作的倡导者，他们只想作为政府的监督者和牵制者，关心工人们日常生活中面临的问题并帮助其进行解决。1995年以来，工会类组织重要性降低，公益性组织地位提升。公益互助与社会经济发展促进组织，慈善救济与保护最弱者组织，文教机构，少数民族、地方与特殊人群自治与权益保护组织和环保组织等大力发展。在波兰政治民主化、经济市场化的转轨中，公益与社会领域的转轨，即第三种转轨与前两种转轨形成互动。在转轨前的泛政治化体制下，一切民间组织，甚至其中的环保组织都带有政治色彩；在转轨初期的利益大调整的格局下，非政府组织以成员利益组织为主流，后逐渐出现了分化，并伴随着工会不像工会、政党不像政党、公益组织不像公益组织的尴尬局面；随着转轨的完成，非政府组织中一部分发展为承担公共权力的政党，一部分发展为公益性的第三部门。①

（三）业务范围及规模

据统计，截至2018年波兰共有14.3万个注册的非政府组织，其中包含11.7万个协会组织和2.6万个基金会组织。其中积极运作的协会和基金会估计有8万个。根据其关注的焦点进行分类，体育、旅游、娱乐和个人爱好类占35%，文化艺术类占14%，教育类占13%，医疗保健类占8%，社会服务及福利类占7%，地方性发展类占6%，其余的如环境、劳动力市场、研究、国家认同、法律及权利保护、人权、国际事务、发展援助、宗教等类别占17%。②

波兰非政府组织在东欧剧变后发展迅猛，其表现也极为活跃，在公益事业发展中起着推动、补充和监督的作用。波兰人把非政府组织看作他们国内社会生活的重要支柱，有些人认为非政府组织是自由的

---

① 金雁：《走向公民社会：转轨时期的东欧民间组织》，《二十一世纪》2005年第10期，第40~55页。

② Beata Charycka and Marta Gumkowska, "The Capacity of NGOs in Poland-Key Facts, 2018", Klon/Jawor Association, Szpitalna 5/5, 000 - 31, Warsaw, Poland, January 2019.

象征。①波兰非政府组织不仅数量和种类繁多，所涉领域也极其广泛。政府在资金、政策、税收、房租等方面给予非政府组织积极支持，并在宪法、税法、经济活动法、协会法、基金会法、公益活动及志愿制度法等法律中对非政府组织的设立、运行、义务领域和监管方式等制定了全面、细致且具操作性的规定，一方面为了鼓励、促进、保障非政府组织的发展，另一方面为政府实施监管提供法律依据。

二　波兰非政府组织监管立法

由于波兰非政府组织在波兰历史进程中的重要作用及影响，波兰立法对这类组织也较为重视，对非政府组织的设立条件、登记程序、活动范围、税收政策、程序要求、政府监管以及志愿者权利义务等方面都进行了明确的规定。其基本立法情况如下。

（一）《波兰宪法》（*Polish Constitution*）

宪法明确规定，在满足一定条件的情况下，非政府组织创立和运行自由。第12条明确规定，波兰共和国确保工会、社会职业和农民组织、社团、公民运动，以及其他志愿团体和基金会创立和运行的自由。第13条对这些组织的活动和性质进行了限定，即禁止基于集权主义的政党和其他组织采用纳粹主义、法西斯主义和共产主义，禁止开展煽动种族或民族仇恨的活动，禁止使用暴力获取权力、组织结构及成员保密信息或影响国家政策。波兰宪法从根本上保证了非政府组织创立和运行的合法性，但同时给予其部分限制，为有效监管非政府组织确立了最高法律依据。

---

① Dominik Mierzejewski, "Poland Social Briefing: Non-Governmental Organizations in Poland", http://www.china-cee.eu.

（二）《协会法》（*Law on Association*）

《协会法》明确规定了波兰的协会属于自治的、持续的、自愿成立的非营利性机构。该法明确规定了协会的注册制度，即协会必须到当地法院登记注册，并明确限制了申请人的条件，即波兰籍或在波兰有居所的外国公民可注册成立协会。

（三）《基金会法》（*Law on Foundation*）

《基金会法》于1984年颁布，并经过多次修订。该法没有区分资助型基金会和运营型基金会。实际上，波兰基金会以运营型为主，也就是其需要与其他协会竞争筹集资金。该法规定：基金会是一个由创始人建立的非会员制的机构，其目标必须符合波兰根本利益，对经济和社会都有益处。基金会的创建人必须是达到法定年龄的波兰人或外国人，也可以是本国或外国的法人组织。基金会可根据经公证的材料或遗嘱成立，其中最核心的文件应对基金会的目的进行说明。该法不要求捐赠需达到的最低和最大额度，但如果计划要从事商业活动，基金会就必须得留存1000兹罗提（约合250美元），这样基金会就可以在其目标范围内从事商业经营活动。

（四）《经济活动自由法》（*Law on Economic Activities*）

该法明确规定：协会、基金会在从事经济活动前必须到企业登记庭进行登记（第7条第1款）。

（五）税法

波兰税法包括《公司所得税法》（*Law on Corporate Income Tax*，简称 CIT Law）、《公司所得税实施法》（*Implementation Law to the CIT Law*）、《个人所得税法》（*Law on Personal Income Tax*，简称 PIT

Law）、《从选定收入中支付的统一税率个人所得税》（*Flat-rate Personal Income Tax Paid from Chosen Incomes*）、《个人所得税法修正案》（*Act on the Amendment of the Act on Personal Income Tax*）、《公司营业税法》（*Act on Corporate Income Tax*）、《统一税率所得税法》（*Law on Flat-rate Income Tax*）、《增值税法及其修正案》（VAT Law）等。其中多数对公益活动或公益组织税收都做了相关规定。

1.《公司所得税法》明确规定协会和基金会"免交遗产税和捐赠税"

《公司所得税法》规定了机构捐款和个人捐款可抵扣应纳税额的最大比例和条件以及免交公司所得税的情况。该法第 17 条规定，对于在科技、教育和学生学费、残障人员再就业和社会康复、宗教信仰等领域开展活动的机构，其收入免交公司所得税。这些领域，通常就是非政府组织的目标领域。该法还规定，允许免税的收入进行证券、股票和其他金融工具的再投资，所获利润免税，但只能用于公益性或法定的目的。该法第 18 条规定：单次捐赠额超过 15000 兹罗提或者某一捐赠者全年累计捐赠额超过 35000 兹罗提，接受捐赠的机构必须要公开信息（包括捐赠人的信息）。第 18 条还规定：部分捐赠可以抵扣应纳税总额，只要接受机构开展的是属于《公益性机构法》所规定的公益性活动。个人抵扣的最大比例是应纳税额的 6%，公司是应纳税额的 10%。根据该法 2009 年的修正案，企业可以将生产或者供给食品类产品给公益性机构用作慈善活动的成本，同时也算作可抵扣税成本，并且不受 10% 最高比例的限制。《增值税法及其修正案》第 43（1）（12）（16）条也有类似规定，并要求只有企业出示合理的文件，免税才能生效。

2.《个人所得税法》规定了捐赠免税物品的条件和个人捐赠可抵扣税额的最大收入比例及相关程序要求

第 26 条规定：接受捐赠免税物品的不能是自然人和从事酒精类饮

料、燃料、烟草、电子产品、稀有金属生产的企业或者从事稀有金属贸易的企业。第45条（5c－5g）规定，纳税人可以将一个财政年收入的1%划拨给公益性机构抵扣部分税额。《个人所得税法修正案》允许一个纳税人在每年的纳税说明中指定一个公益性机构，由税务办公室直接向公益性机构划拨（过去必须由纳税人亲自划拨），一个纳税人最多只能向一个公益性机构划拨1%的个人所得。《统一税率所得税法》第21条（3a－3d）和《波兰公益活动及志愿制度法》（PBA Law）第27条都有此规定。

3.《增值税法及其修正案》规定了公益性机构免交增值税的条件

《增值税法及其修正案》附件4规定，以下服务可免增值税：研发服务、教育服务、健康保健和社会福利服务、会员单位的法定服务项目。公益性机构利用捐赠提供服务需交纳增值税，除非其服务属于上述免增值税服务的范围。支持公益性机构实现其法定目标的政府资助免交增值税。相反，纳税人以实物捐赠的，其捐赠应交增值税。

（六）《波兰公益活动及志愿制度法》（*Law on Public Benefit Activity and Volunteerism*，PBA Law）及其实施办法

该法于2003年4月颁布。对非政府组织运行及管理而言，该法是一部非常重要的法律，共分为"总则""公益活动""志愿制度"三大部分。总则规定了该法的调整对象、范围、领域、某些词语的法律定义、公共行政管理机构与非政府组织合作的基本原则等。第二部分是全法篇幅最长、规定最细的部分，对公益活动的各个方面进行了规定，分别是"收费及免费公益活动"、"根据委托的公共任务从事公益活动"、"公益组织"、"监督"和"公益活动委员会"。第三部分对志愿者所代表的机构、应具备的素质和非政府组织应该向志愿者提供的待遇和保障等做了明确规定。该法规定公益组织需要在国家法院注册处注册。公益组织应准备有关其活动的年度报告和年度财务说

明，并将上述文件公开。《波兰公益活动及志愿制度法》第四章对监督公益组织的活动进行了详细规定，要求社会保障部长负责就公共任务的执行及本法规定的特权的使用，以及对公益组织的活动进行监督；要求内政部长对公益组织在救援和保护公民领域所从事的活动进行监督。该法还对社会保障部长监督公益组织的方式和程序做了具体规定。社会保障部长依靠其职员代表公共行政管理机构对公益组织执行检查。社会保障部长或其委托的省府官员应要求公益组织在一个限定期限内，根除检查过程中确认的错误。如果公益组织没有根除错误，社会保障部长可提起诉讼，要求注册法庭注销其信息，或要求国家法院将该组织从注册处注销或除名。另外该法还要求，委托公共任务的公共行政管理机构应定期对此任务做出监察和评估。同时，政府还通过审计进行管控，违反经济规定的非政府组织应退还经费。出于政治目的，波兰政府加大了对非政府组织意识形态方面的监督和管控。如该法"总则"第4条规定了有益于国家的公共任务领域，其中"保持国家传统，培育波兰化的国家、公民及文化个性的发展"就充分体现了政府对意识形态方面的强制要求。

虽然政府出台了众多法律法规对非政府组织进行监管和控制，但波兰非政府组织对社会的贡献不可忽视，非政府组织在政治、经济、环境、卫生、教育等领域积极开展公益活动。但自2016年开始，民间团体面临诸多挑战，其严重阻碍了该类组织参与民主决策，以及增强政府法治公信力和提升人权标准作用的发挥。民间社团与权力机关的对话空间受到挤压，财政基金分配程序发生改变，集会等自由受到限制，非政府组织遭受舆论的攻击。[1] 这一形势的变化有其强烈的政治背景作支撑。

---

[1] Małgorzata Szuleka，"The Situation of the Civil Society Organizations in Poland"，*Helsinkin Foundation for Human Rights*，p. 1.

三 波兰《国家自由协会法》出台

（一）法律与公正党上台

2015年10月25日，波兰法律与公正党（PiS）在议会选举中获得众议院460个席位中的235席，超过半数，从而获得了独立执政的资格。法律与公正党试图用强硬的手段重建波兰民族主义，重新定义其作为抵制西欧式自由主义、移民潮和现代性的"壁垒"角色。该党不断寻求将那些监督其政权的独立性机构控制在自己的麾下，主要针对三类机构，即法院、媒体和社团。对于法院，该党政府通过重塑法院体系扶持民族主义和保守主义意识形态；对那些与政府政见不同的公共媒体或记者，该党政府通过解雇或逼迫出局的方式对其进行攻击；同时试图重新塑造民间社团的形象。与直接攻击法院系统和媒体机构不同的是，法律与公正党政府通过审计、媒体战和选择性经费申请等方式削弱民间社团的力量。该党经过精心安排，通过政府控制的媒体、亲政府的非政府组织（GONGOS）以及各部委对非政府组织进行打击。①

（二）《国家自由协会法》（*Act on National Freedom Institute*）颁布

2017年9月，《国家自由协会法》获得议会通过。该法的颁布释放出政府不再支持民间社团的明显信号，该法是对波兰非政府组织的制度性威胁。该法规定，协会的负责人和理事会的大多数成员都由公

---

① Poland's New Front, "A Government's War against Civil Society", http：//www.humanrightsfirst. org, August 2017, pp. 1 – 3.

共福利行动委员会任命，而该委员会则由总理负责管理，这说明政府对国家协会的控制更大了。① 该法从国家层面改变了公共资金的分配程序，该法无法保障非政府组织能通过公开透明的方式分配到财政资金。②

该法共七章53条。第一章"一般规定"共3条，对该法案的目的和内容、对自由协会的定义以及对自由协会进行监督的机构等进行了说明。第二章"自由协会的管理机构和组织形式"共19条，规定自由协会的管理机构主要包括协会主任和理事会。第三章"自由协会的任务"共5条。第四章"自由协会任务实施程序"共4条。第五章"自由协会的财务管理"包括5个条款，对自由协会的财政收入做了规定。第六章"现行规定的修订"包含4个条款，主要是对1984年4月6日颁布的《基金会法》、1997年9月4日颁布的《政府管理分支机构法》、2003年4月24日颁布的《波兰公益活动及志愿制度法》、2006年10月18日颁布的《1944—1990年国家安全权威文件信息披露法》等法律中涉及非政府组织的相关条款进行了修改。第七章"过渡性、修订中和最终规定"包含了13个条款。该章对正在修订的条款的生效日期做了规定，还就自由协会自本法生效后在本法实施过程中的身份做了明确规定，另外还对自由协会建立的程序做了相关规定等。

不少非政府组织对该法草案提出了批评，但是该法未经任何修订就获得了议会的通过。该法是新政府对非政府组织进行管理的有力依据，也是新政府进行监管的强大保证。

① "Helsinki Committee in Poland Issues Statement", https：//www.hfhr.pl/en/national – freedom – institute – act – helsinki – committee – in – poland – issues – statement/, October 2, 2017.

② Małgorzata Szuleka, "The Situation of the Civil Society Organizations in Poland", *Helsinkin Foundation for Human Rights*, p. 1.

四 波兰非政府组织监管实践

波兰宪法、税法、协会法及公益活动法等为政府管理非政府组织提供了法律依据，也为非政府组织的建立及发展提供了法制保障。2015 年以前的法律环境对于非政府组织而言是以鼓励、扶持为主的宽松式的，而在法律与公正党上台以后，波兰政府颁布了新的法律，加强了对独立民间团体的管控。立法机关建立了一个新的机构——国家自由协会和社团发展中心，集中对非政府组织的经费和活动进行控制，该机构隶属于总理办公室。在实践中，政府对非政府组织的监管主要表现在以下几个方面。

（一）加强对"波兰身份"的意识形态管控

相关资料显示，波兰政府所推崇的"波兰身份"是将民族主义和天主教宗教价值结合起来的一种意识形态。法律与公正党政府试图削减对它不"喜欢"的在难民、移民、LGBT（同性恋、双性恋及变性者）人群、妇女平等和人身保护等领域非足够"波兰化"的非政府组织的经费资助。过去两年就停止了来自欧盟的 AMIF（避难所—移民一体化基金）的发放，声称为难民发放补贴将会危及国家安全。赫尔辛基人权基金会是在波兰处于领先地位的涉及法律、人权、难民、移民等问题的非政府组织，其公共资助经费逐年减少，到 2017 年其经费减到 0，该组织也只好裁掉其负责难民、移民问题的一半员工，用其他经费支撑该领域正在开展的工作。

（二）利用政府媒体进行舆论引导

法律与公正党上台以后加强了对那些对"前政权政治唯命是从"的非政府组织、"左翼分子"非政府组织和"效忠于反对派"的非政

府组织的监管。2016年10月，一直被公众信赖的、独立的公共新闻电视台TVP1播放了至少7个与非政府组织相关的节目。TVP1断言，大约有10个与人权、政府监管和透明度、法律规则等相关的非政府组织及其个人，通过欺骗获取资金。这些节目宣称，这些组织通过与前公民纲领党政府家族或个人的关系获取经费资助，其意暗示这些经费是不符合波兰国家利益的。Ordo Iuris是法律与公正党领导的一个组织，现在与政府紧密合作，声称那些反LGBT歧视的非政府组织侵犯了人们的信仰自由和经济自由，如强迫商业为它们服务就是一个例子。

（三）通过审计、经费划拨等加强对非政府组织的经济管控

波兰政府对非政府组织展开了一系列审计。2017年发布的关于波兰非政府组织联盟的报告列出了从2015年法律与公正党执政以来到2016年底，17个非政府组织被审计或被追回拨款的案例，涉及波兰8个部委。多数被审计的组织被告知违反了财政规定，需返还相关费用。政府还削减了大多数波兰人权中心办公室的经费，法律与公正党认为，削减那些反歧视组织的经费是符合波兰利益的，因为反歧视组织与波兰天主教信徒的价值观相违背。

（四）建立平行民间社团

波兰政府官员以及民间社团和权利平等全权代表等试图建立平行民间社团，从而寻求建立一些更加保守的非政府组织，致力于从传统视角聚焦妇女和家庭问题、难民/移民问题等，这些非政府组织被称作GONGOs，即亲政府的非政府组织。他们终止对那些反对歧视妇女和LGBT的团体的经费资助是为了向那些反宗教（主要是天主教）和神职人员歧视的团体提供经费。Ordo Iuris，一个极右的、固守传统价值观的反LGBT组织，在2017年提出了一个禁止堕胎的议案，其中

规定无论是被强奸还是乱伦所致，堕胎或流产的妇女都会受到惩罚甚至监禁。法律与公正党将该组织提案提交波兰议会审定，但由于抗议声太大，该提案审议程序一度被取消。

结　论

20世纪90年代波兰的政治制度发生变化后，波兰非政府组织的发展进入了一个新的阶段。波兰非政府组织数量迅速增加，在社会生活中发挥着越来越重要的作用。苏联解体、东欧剧变后，作为社会转型国家，波兰一方面需要非政府组织弥补国家在管理功能上的缺失，另一方面又担心非政府组织的活动干扰国家权力中心的顺利确立和正常运行。从对波兰非政府组织进行立法到实施监管，都反映了政府的政治导向和执政理念。波兰非政府组织一度为实现波兰公民社会的目标，促进公平、正义、民主、透明等价值理念的提升发挥了非常重要的作用。波兰对非政府组织的相关立法总体而言是较为完善的，虽然在法律与公正党执政之后对部分法律进行了修订，并且政府对非政府组织的监管力度也有所加强，但政府为公益组织的生存和发展还是提供了很广阔的空间，如在资金、政策、税收、房租等方面给予了一定支持，以实现非政府组织所代表的构建公民社会的职责和最高期望。

B.7
波兰高等教育国际化政策动态[*]

杨既福[**]

摘　要：　20世纪末21世纪初，经济全球化的加速演进使全球高等教育国际化需求更加迫切，高等教育国际化进程骤然加快。近年来，随着一系列国际化战略、政策、举措的实施，波兰高等教育国际化进程陡然加快，成效令世人瞩目。波兰高等教育国际化具有政治、经济、教育上的多重背景和动因，是多重政策聚合推动的产物。波兰是我国"一带一路"建设教育领域的重要合作伙伴，本报告参考现有文献，对波兰高等教育国际化政策动因、政策举措、政策成效和政策启示进行了梳理和探究，以期对我国推动高等教育国际化、扩大教育开放的政策的制定及实施有所借鉴。

关键词：　波兰　教育国际化　学位互认

---

* 本文为重庆市高等教育学会2017年高等教育科学研究课题"'一带一路'视域下我国来华留学高等教育质量保障制度研究"（项目编号：CQGJ17080B）以及重庆市科技局2021年技术预见与制度创新项目"'双一流'建设导向卜的中外合作办学质量保障制度研究"（项目编号：cstc2021jsyj－zzysbAX0017）的研究成果。
** 杨既福，法学博士，重庆交通大学党政办主任、欧洲研究中心研究员，主要从事高等教育、国际教育有关法学研究。

一 波兰高等教育国际化的政策背景及动因

（一）政治上：欧洲一体化的必然产物

1989 年东欧剧变后，波兰从社会主义阵营转向资本主义阵营。自此以后，波兰对外交往范围从原社会主义国家迅速向西欧资本主义国家扩展。2004 年 5 月 1 日，波兰正式成为欧盟成员国。[①] 波兰"希望通过这些机制，牢固锁定与西方国家的关系，以确保新生政权的独立，并与欧洲大陆西半部享有同等的安全保障"[②]。加入欧盟后，波兰在国际上的政治影响力迅速提升，经济迅速发展，对外贸易规模成倍增长，加之波兰本身是加入欧盟的东欧八国中的大国，领土面积、人口数量、经济总量远超其他七国，其地区影响力也得以巩固，被誉为中东欧转型的"优等生"。政治上的这些有利因素和经济一体化水平的提升为波兰推进高等教育国际化提供了有效动力，波兰高校也得以打开了国际合作的大门。[③]

（二）经济上：教育服务贸易的经济驱动

《服务贸易总协定》（GATS）规定，教育服务贸易的范围涵盖所有收取学费、具有营利性质的教育服务活动，因此，教育服务活动自被 GATS 纳入服务贸易那一刻起，就在国际法上获得了商业性

---

① 2004 年 5 月，波兰、匈牙利、捷克、斯洛伐克、爱沙尼亚、拉脱维亚、立陶宛、斯洛文尼亚、塞浦路斯、马耳他，在历经冷战后十多年的努力之后，最终正式加入欧洲联盟。欧盟实现了历史上的第五次扩大，也是规模最大的一次扩大。

② Ronald D. Asmus, "Central and Eastern Europe: In An Age of New Uncertainty", *Slovak Foreign Policy Affairs*, Spring 2003, p. 13.

③ 李玲：《波兰高等教育国际化发展探析》，《教育文化论坛》2017 年第 3 期。

和营利性的法律确认。外方政府与教育机构"将跨境教育服务看作出口产业的重要组成部分,并在战略规划中明确追求出口利益,以及其他长远利益"。① 由此可见,追逐经济效益是西方教育发达国家推进高等教育国际化、开展教育服务贸易的重要动因。波兰高等教育历史悠久,波兰最早建立的大学,即克拉科夫的雅盖隆大学(Jagiellonian University)有 600 多年的历史,是欧洲乃至全球最古老的大学之一。波兰高等教育资源丰富,高校数量达到 431 所,②这为其开展教育服务贸易提供了坚实基础。加之波兰地处欧亚大陆十字路口,交通便利,教育成本投入相对低廉,波兰成为中东欧重要的留学目的地国。波兰也把吸引外国留学生、扩大教育服务贸易作为推动经济发展的重要手段。

(三)学术上:高等教育发展的客观需求

当前世界各国围绕人才、教育、科技的竞争激烈,高等教育的质量水平很大程度上决定和体现了一国的人才的质量和科技实力。国际上已普遍把"国际化"作为评价一国、一校高等教育水平的通用指标,"国际化"也是各国、各校推动提升高等教育水平的重要手段。学术动因是国家和高校提升高等教育质量、推进高等教育国际化的主要动因。③ 特别是波兰高等教育联合会每年定期发布的Perspekty-wy 大学排名表已将"国际化水平"作为七大指标之一。波兰各大高校纷纷将国际化作为重大发展战略,更加关注自身的国

---

① OECD, *Internationalization and Trade in Higher Education Opportunities and Challenges*, Organization for Economic Cooperation and Development, 2004, pp. 239 – 275.

② 程鑫:《波兰高等教育概况及中波高等教育合作》,《世界教育信息》2017 年第17 期。

③ 金帷、温剑波:《如何定义高等教育国际化:寻求一个本土化的概念框架》,《现代大学教育》2013 年第 3 期。

际化建设，持续加大投入，推进师资队伍、学生构成、学术科研的国际化。事实证明，将国际化作为重大战略实施后，波兰高校的整体实力和国际声誉得到了极大提升。

二 波兰高等教育国际化的政策举措及成效

（一）积极融入"博洛尼亚进程"

"博洛尼亚进程"① 是欧洲高等教育史上里程碑式的事件。"博洛尼亚进程"有效推动了欧洲高等教育区的建立，从此，欧洲高等教育开始迈向一体化之路。"博洛尼亚进程"不仅推动了欧洲的高等教育发展，而且给全世界的高等教育带来了无限的新意。② 加入"博洛尼亚进程"后，波兰对其教育体制进行了大刀阔斧的改革，颁布和修订了《波兰高等教育法》等一系列教育法规政策，教育学制、机制基本实现了与"博洛尼亚进程"签署国的统一。

1. 引入欧洲新学制

在加入"博洛尼亚进程"之前，波兰没有区分学士学位和硕士学位，实行一贯制学位，学生通过 5~6 年的学习并考试合格后直接获得硕士学位。加入"博洛尼亚进程"之后，波兰引进了欧洲新学制，将学位划分为学士、硕士、博士三个阶段，实行"3＋2"或"3.5＋2"的双阶段学制，即学生通过 3 年或 3.5 年的学习并考试合格后可申领学士学位证书，之后通过 2 年的学习并考试合格后可申领

① 1999 年，包括波兰在内的 29 个欧洲国家的教育部长在意大利签署了《博洛尼亚宣言》，提出了欧洲高等教育改革计划，又称"博洛尼亚进程"（Bologna Process）。

② 刘苹苹：《"博洛尼亚进程"和波兰高等教育》，《上海教育评估研究》2017 年第 1 期。

硕士学位证书，以此类推，通过 3 年或以上的学习并考试合格后可申请博士学位证书。① 同时波兰还与"博洛尼亚进程"的签署国实行学历互认，这极大地推动了波兰与欧洲各国的学生的流动，也促进了劳动力市场的人才流动和就业。

2. 建立欧洲学分转换系统

在引入欧洲新学制的同时，欧洲学分转换系统（ECTS）也称欧洲学分互认体系，在波兰顺利实施。欧洲学分转换系统由联合国—欧洲高等教育中心（UNESCO-CEPES）研发，是欧洲唯一经过认证的高等教育学分体系，也是世界范围内发展最早的学分转换系统。欧洲学分转换系统规定，学士学位对应 180～240 个 ECTS 学分，硕士学位对应 60～120 个 ECTS 学分，博士学位没有明确的学分和学时要求，每个学分对应的学习时间为 25～30 个学时。ECTS 还专门制定了评分规则（ECTS Grading Scale），以此作为不同高校之间进行分数转换的参照工具。评分规则分为 5 个等级，② 各高校可依照这五大等级通过一定参数对学生学分进行认定。③ ECTS 为欧洲不同国家的学生在欧洲范围内实现学分的互认、转换和累积提供了平台，极大促进了欧洲范围内学生的流动和教育合作交流，也为世界各国国家资历框架建设、学分制建设提供了经验借鉴。

（二）制定高等教育国际化计划

2015 年，波兰政府发布了其历史上首个高等教育国际化行动计

---

① 刘进、林松月：《"一带一路"沿线国家的高等教育现状与发展趋势研究（二十八）——以波兰为例》，《世界教育信息》2019 年第 10 期。

② 评分规则分为 5 个等级段，占 10% 的 A 等为最优秀，占 25% 的 B 等为优秀，占 30% 的 C 等为良好，占 25% 的 D 等为良，最差的 10% 即 E 等为不合格。

③ 单可：《波兰融入欧盟高等教育一体化的举措与启示》，《台州学院学报》2019 年第 10 期。

划。该计划分析了波兰高等教育国际化的现状、面临的机遇与挑战、影响因素、具体目标，推出了一系列推动高等教育国际化发展的新举措，明晰了政府及有关各方职责任务，是指导波兰高等教育国际化发展的纲领性文件，为波兰高等教育国际化发展提供了制度保障。其主要内容如下。

1. 实施留学波兰项目

波兰高等教育在历史、质量、声誉、学制，以及地理位置、教育成本等方面的优势使得波兰对外国留学生具有巨大的吸引力。高等教育国际化行动计划实施后，波兰推出了"苏格拉底"项目，进一步下调了留学生学费标准，针对发展中国家的留学生设立了专项奖学金，开发了"准备，学习，行动！波兰"留学网站，由此波兰留学生人数一直保持上升趋势。据 2020 年度《波兰共和国统计年鉴》的最新统计数据，目前有来自 174 个国家的 82194 名外国学生在波兰学习，比一年前增加了 3935 人。① 目前，外国学生人数占波兰学生总数的 6.37%（11 年前，这一数字仅为 0.71%，2017~2018 学年为 5.63%）。②

2. 实施出国留学项目

该出国留学项目又称"伊拉斯谟"项目，由欧盟发起实施，其每年的资助规模达 20 万人，目的是希望有更多的欧洲学生留学海外，培养具有国际视野的"新欧洲人"。当前"伊拉斯谟"项目已发展成为涵盖教育、体育、文化事务的全球性国际合作交流项目。波兰政府通过"伊拉斯谟"项目大力推进本国优秀学生出国留学，同时每年设立"优秀学生学习"项目来帮助 100 名波兰优秀学生去世界一流

---

① 波兰统计办公室官网，https://stat.gov.pl/en/topics/statistical – yearbooks/statistical – yearbooks/Statistical – yearbook – of – the – republic – of – poland – 2020, 2, 22. html，访问时间：2020 年 12 月 28 日。

② 波兰教育部留学波兰官网，http://www.studyinpoland.pl/en/news/82 – foreign – students – in – poland – 2019, 2020 – 04 – 20，访问时间：2020 年 12 月 28 日。

大学接受教育。①

3. 实施国际科研合作项目

为利用好欧盟委员会批准实施的"地平线 2020"科研规划②及配套计划，波兰政府设立了国际研究所等一系列专门研究机构，并支持波兰科学研究中心发挥作用，对应开展"地平线 2020"科研规划中的基础研究、应用技术研究和应对人类挑战的有关研究。为了引进国外高端"智力"，波兰政府通过实施"团队、定居、欢迎"等项目吸引海外学者申报、从事波兰相应科技项目研究工作。① 2020 年度《波兰共和国统计年鉴》显示，2019 年非波兰常住居民申请专利 95 项，比上一年度增加 21 项。2019 年波兰申请的欧盟专利达到 13020 项，比上一年度增加 1384 项。② 这说明波兰国际科研合作计划成效逐渐显现。

（三）构建完善高等教育质量认证体系

2007 年，欧洲高等教育学历认可和交流信息中心组织修订了《关于提供跨国教育的实施准则》，并再次确认《里斯本公约》的补充文本所列的 11 条原则已成为跨国高等教育质量保障的重要基准。建立完善

---

① 李玲：《波兰高等教育国际化发展探析》，《教育文化论坛》2017 年第 3 期。

② "地平线 2020"（Horizon 2020）科研规划，是欧盟委员会于 2013 年 12 月 11 日批准实施的一项科研规划方案，实施时间为 2014 年至 2020 年，预计耗资约 770 亿欧元，是继第七个"欧盟科研框架计划"之后欧盟批准实施的主要科研规划。"地平线 2020"科研规划的前身为始于 1984 年的"欧盟科研框架计划"，其以研究国际前沿和竞争性科技难点为主要内容，是欧盟成员国共同参与的中期重大科研计划。为了突出科技创新的重要地位，这一新的规划并不叫第八个科研框架计划，而是叫"地平线 2020"科研规划，其原因一是该规划囊括了包括框架计划在内的所有欧盟层次的重大科研项目，二是时间上到 2020 年结束。

① 李玲：《波兰高等教育国际化发展探析》，《教育文化论坛》2017 年第 3 期。

② 波兰统计办公室官网，https：//stat. gov. pl/en/topics/statistical – yearbooks/ statistical – yearbooks/Statistical – yearbook – of – the – republic – of – poland – 2020, 2，22. html，访问时间：2020 年 12 月 28 日。

的高等教育质量认证体系是欧洲高等教育区建设的重要内容，也是波兰按照欧洲质量框架（EQF）提高高等教育质量的重要举措。EQF 的目标就是要建立可以供欧洲各国共同参照的质量标准系统，使学生在技能、知识掌握、就业竞争等方面相互平等。① 波兰按照欧洲高等教育质量认证体系建立了完善的教育质量监控制度，通过波兰教育鉴定委员会（PKA）、大学校长会议等对教育质量进行定期监督评估。② 波兰教育鉴定委员会成立于 2002 年 1 月 1 日，是按照《波兰高等教育法》设立的官方教育质量认证机构，以可靠、公正和透明的原则以及男女平等参与委员会的承诺为指导。③ PKA 对高等教育质量认证工作的机制和指标体系进行了优化、丰富和完善，高等职业教育认证委员会原来的大部分职能和职责由其承接，并对所有公立和私立的高校实施全覆盖的质量认证。④ 它有 80～90 名成员，这些成员在社会团体、高校学生联合会中产生，由科技与高等教育部长任命。同时，波兰也有多个民间教育认证机构，这些认证机构都是按照欧洲高等教育质量保障协会的资格审核体系成立的，按照欧洲通行的认证标准、认证程序和认证规范开展认证活动。虽然，通常认为，民间教育认证机构的认证标准比 PKA 更高、更严，但是其只能从事博士学位以下的教育质量认证工作，博士学位的教育质量认证必须由

---

① Tomasz Szkudlarek and Lukasz Stankiewica, "Future Perfect Conflict and Agency in Higher Education Reform in Poland", *The International Journal for Academic Development*, Vol. 19, No. 1, 2014, pp. 37 -49.

② 在波兰学习网站，https：//go - poland. pl/zh - hans/5 - reasons - study - poland，访问时间：2021 年 3 月 6 日。

③ 波兰教育鉴定委员会官网，https：//www. pka. edu. pl/en/about - pka/history - of - pka/，访问时间：2020 年 4 月 20 日。

④ 刘苹苹：《"博洛尼亚进程"和波兰高等教育》，《上海教育评估研究》2017 年第 1 期。

PKA 负责。① 因此，波兰高等教育在质量认证上也全面实现了与国际接轨，有效保障了波兰高等教育的国际声誉。

三 波兰高等教育国际化政策经验及启示

虽然波兰与我国政治体制截然不同，但作为前社会主义国家，其过去的政治体制、教育体制与我国有诸多类似之处，特别是两国在高等教育国际化推进过程中均面临国际化课程数量少、国际化师资队伍以及教学及科研能力不足、外国留学生生源质量良莠不齐、国际化声誉及影响力有待提升等问题。加之高等教育本身具有一定的共性和客观规律性，波兰高等教育国际化的价值取向、发展思路、政策路径对于我国推进高等教育国际化而言，具有重要的借鉴和启示意义。

（一）积极参与高等教育国际化区域合作

"博洛尼亚进程"直接影响并极大地推动了波兰高等教育国际化的进程。"博洛尼亚进程"从发展理念、实施项目、政策衔接、经费保障等各个方面给予波兰高等教育借鉴和支持，让波兰高等教育的面貌焕然一新，这也是高等教育国际化区域合作的极好例证。教育具有天然的政治属性、文化属性、民族属性和意识形态属性，高等教育的全球化是不可能和不可行的。特别是在逆全球化潮流盛行、新冠肺炎疫情发生的当下，高等教育国际化的进程受阻，但这并不妨碍高等教育国际化向纵深发展。特别是在地域相邻、文化相近的地区，区域高等教育合作将成为未来高等教育国际化发展的主流。我国应发挥地区大国优势，深入推进与东盟、日韩、中东欧、共建"一带一路"国家的区域教育合作和交流。

---

① 刘苹苹：《"博洛尼亚进程"和波兰高等教育》，《上海教育评估研究》2017 年第 1 期。

（二）注重高等教育国际化制度设计

东欧剧变之前，由于顶层设计和制度保障的欠缺，波兰的高等教育国际化发展较为被动和无序。借"博洛尼亚进程"的"东风"，特别是波兰《高等教育国际化计划》的制定实施极大改变了这种局面，波兰高等教育国际化从此进入目标清晰、主动作为、分工明确、协作联动的发展阶段。纵观欧美发达国家的高等教育国际化发展历史和经验，从政府、行业层面加强对高等教育国际化的顶层设计，联合各方实施专项行动计划是高等教育国际化发展的必然路径和关键步骤。我国先后发布了扩大教育对外开放的系列文件，下一步应进一步加大配套制度建设，在中央与地方联动、政府与高校协作、规模发展与内涵建设等关系的处理上加强政策设计和制度安排。针对新冠肺炎疫情的影响，积极构建中外大学学分互认、在线课程学分认定等系列配套制度，为我国高等教育国际化水平提升提供更高水平的制度保障。

（三）把质量保障放在更加突出的位置

20 世纪 80 年代末以来，随着高等教育大众化日益推进，全球高等教育规模日趋扩大，高等教育的质量问题日趋突出。世界各国对教育质量议题的关注度持续提升，国际学术界和各国教育部门亦将高等教育质量保障作为重点议题进行研究。波兰高等教育的良好声誉得益于其质量保障系统的建设。华沙大学、罗兹大学在推动高等教育国际化、提升国际化教学科研能力以及国际化办学质量上制定和实施了一系列积极的培训机制、支持机制、激励机制，使其国际化教学科研能力和国际化办学质量得以显著提升。[①] 我国提出要把教育放在优先发

---

① 谭郁森、瑟莫维·库古斯基、毛戈雅塔·显克：《波兰高等教育国际化的实践与启示》，《科技视界》2020 年第 27 期。

展的位置，并提出了建设教育强国、科技强国、人才强国、制造强国等一系列强国战略目标，围绕创新型国家建设培养一大批国际化高素质人才。[①] 强国战略目标的实现、创新型国家的建设、高水平人才的培养关键在教育质量。教育质量保障体系的建设在世界一流大学和一流学科的建设中也发挥着举足轻重的作用，要成为世界一流，必须有一流的教育质量保障系统。我国应进一步建立健全高等教育质量保障机制，按照"管办评"分离的思路，完善政府对高等教育质量监管的法律法规体系，加大第三方教育质量评价机构建设，健全第三方质量认证评估机制，积极参与全球教育质量治理，切实提升我国高等教育的整体质量和国际声誉。

（四）加强学位互认，减少贸易壁垒

从国际贸易角度看，学位不能互认是国际教育服务贸易发展的重要壁垒。通过签署多边或双边国际条约实现学位互认，清除教育服务贸易壁垒是教育服务贸易发达国家推动教育服务贸易发展的共同经验。学位互认是高等教育国际化中的一个重要因素。从比较教育角度看，学位互认是高等教育国际化发展的基础和前提，关系跨境高等教育是否被选择和承认，以及受教育者的教育结果是否得到承认，权利是否得到有效保护。签署学历互认协议，意味着一国的教育水平和质量获得他国承认，对于推动师生国际往来、有效吸引留学生、促进国际人才交流具有重要意义。我国是《亚太地区高等教育学历、文凭和学位相互承认地区公约》和《全球高等教育学历学位互认公约》的缔约国，截至目前，已先后同50余个国家签订了政府间相互承认高等教育学历、文凭和学位的有关协议。虽然数量有进步，但与中国

---

① 《中国共产党第十九次全国代表大会报告》提出要培养造就一大批具有国际水平的战略科技人才、科技领军人才、青年科技人才和高水平创新团队。

签署互认协议的大多数是教育欠发达国家，这样的状况严重制约了来华留学的竞争力。要尽快建立健全国家资历框架，在相关质量标准体系上应尽量与国际上的参照性资历框架保持一致，为国际化预留接口，既保持中国特色又兼顾国际通行性，尽快推动学历学位互认，使中国高等教育学历学位获得更大范围的国际承认，为我国建设世界一流大学，加快高等教育国际化进程提供外部保障。

（五）实施教育国际推广计划

如前所述，国际教育不管是作为教育服务贸易的一种形式还是属于跨境教育的一种交流方式，在受教育者眼中，它就是一种教育消费方式，一种在全球教育市场范围内可选择的教育消费方式。由于教育消费的过程性、无形性给消费者增加了选择的难度，教育国际宣传与推广显得尤为重要。为数不少的留学生反映，在国外精准获得中国国际教育服务信息的途径和方式非常有限，由于外国学生不了解中国高等教育，中国失去了很多潜在的留学生生源。教育国际推广也是传播中国文化、发出中国声音、宣传中国主张的重要内容。虽然全球新冠肺炎疫情的发生给高等教育国际化的发展蒙上了一层阴影，但我们坚信，经济全球化、教育国际化的大趋势不会逆转，我们应以中国率先控制疫情为契机，大力实施教育国际推广计划。围绕"一带一路"建设和构建人类命运共同体，有针对性地重新调整和优化国际教育服务市场开发战略，除继续发挥驻外使领馆、各级教育国际交流协会、国际教育基金会的推广作用外，规范引导各类国际教育企业集团、海外投资企业积极参与"留学中国"相关事务。建立包括政府部门及机构、非政府或准政府组织、民间协会、高校、教育企业集团、中介组织在内的多元主体参与机制，全方位拓宽中国教育信息获取途径，展示中国高等教育所取得的成就，提升中国高等教育的国际形象，争取在国际留学生市场上占有更大的份额。

中波两国有较长的教育国际合作的历史。在合作协议方面，波兰

是共建"一带一路"国家中较早与中国签署教育合作协议的国家。①
在留学往来方面，中国于1950年就开始向波兰派遣留学生。根据波
兰官方统计，2019~2020学年有1492名中国大陆学生和917名台湾
地区学生在波兰学习，② 波兰籍来华留学生人数也已增长至上千人。
在合作办学方面，2020年波兰与中国有关高校共建立了2个中外合
作办学机构，开展了9个合作办学项目。③ 根据孔子学院总部公布的
数据，截至2020年，中国在波兰建有6所孔子学院、1个孔子课
堂。④ 在交流机制方面，近年来，中波双方共同建立了"中波大学校
长论坛"和"一带一路"中波大学联盟⑤等一系列教育交流合作平
台。面向未来，中波两国要进一步健全双边合作机制，聚焦可持续发
展战略，推动中波人文交流、师生互访、学生流动和科研合作，有针
对性地培养"一带一路"建设所需要的国际化人才。⑥

---

① 根据中华人民共和国教育部发布的信息，2011年12月20日，双方在北京签署
《中华人民共和国教育部与波兰共和国科学与高等教育部教育合作协议》
（2011~2015年），为两国互派留学人员、加强学历学位互认和校际交流、提
升科技合作水平、深化教育合作奠定了政策基础。2016年，中波签署《中波
学历学位互认协议》，增加了双方教育的认可度，助推中波留学教育的发展。
② 波兰统计办公室官网，https：//stat. gov. pl/en/topics/statistical – yearbooks/
statistical – yearbooks/Statistical – yearbook – of – the – republic – of – poland – 2020，
2，22. html，访问时间：2021年5月31日。
③ 中华人民共和国教育部中外合作办学监管信息平台，http：//www. crs.
jsj. edu. cn/aproval/orglists，访问时间：2020年4月20日。
④ 中华人民共和国孔子学院总部/国家汉办官网，http：//www. hanban. org/
confuciousinstitutes/node_ 10961. htm，访问时间：2020年4月20日。
⑤ 两国于2017年3月成立了"一带一路"中波大学联盟，联盟是在北京市教委
和重庆市教委的支持与指导下，在中波23所高校现有合作的基础上，集结两
国高校资源，响应我国"一带一路"倡议并落实"中国—中东欧国家教育政
策对话"成果而发起成立的。
⑥ 程鑫：《波兰高等教育概况及中波高等教育合作》，《世界教育信息》2017年第
17期。

B.8
波兰投资营商环境分析及竞争力评估*

周小祥**

摘　要： 波兰是中东欧地区最大的经济体。波兰政治稳定，拥有
丰富的自然资源和极具竞争力的劳动力市场，拥有包
括低税赋、无汇兑限制以及经济特区在内的优惠投资
安排。近年来，波兰经济实现了快速稳步的增长，营商
环境也得到了大幅提升，国际竞争力指数和创新指数
都得到大幅提高。波兰具有较强的竞争优势和投资吸
引力，是欧盟最有投资吸引力的经济体。但波兰也需持
续加强交通基础设施建设，在法律透明度及稳定性、创
新政策及创新环境上需持续加以改善。

关键词： 波兰　营商环境　投资优势　全球竞争力

　　波兰地处欧洲"十字路口"，其地理位置十分优越，是重要交通
枢纽，也是共建"一带一路"重要国家之一。波兰经济规模大、结
构优良、潜力广阔，国内市场发展迅速且有广阔的腹地和辐射力，劳
动力成本低廉，加之优惠的投资政策，使得波兰成为国内外投资者投

---

* 本文为"重庆市教育委员会人文社会科学研究规划项目"（项目编号：
18SKSJ031）的研究成果。

** 周小祥，重庆交通大学讲师、欧洲研究中心研究员，研究方向为国际运输通道及
交通经济一体化发展。

资欧盟市场的门户和首选投资地。作为中东欧经济体量最大的国家，波兰具有较强的竞争优势和投资吸引力，也是中东欧地区吸引外商直接投资最多的国家。相关数据显示，2020 年上半年，在全球新冠肺炎疫情影响的不利条件下，外国投资人共在波兰注册成立了 3551 个法人实体，平均注册资本为 46200 兹罗提，其中超 100 万兹罗提的实体有 20 余家。可见，在吸引对外投资上，波兰显示出旺盛的生命力、蓬勃发展的势头和较强的国际竞争力。

一　波兰投资的宏观环境

波兰是中东欧地区大国和欧盟重要成员国，也是中国在欧洲的全面战略伙伴，其吸引外资的能力位居欧盟前列。近十年来，在加入欧盟的国家中，波兰的经济体量最大。波兰拥有较为庞大的中产消费群体、高素质且相对低廉的劳动力、位于欧盟中心区域的独特区位优势以及快速发展的基础设施建设，这使得波兰对全球投资者具有越来越大的投资吸引力。作为正在成长中的巨大市场，波兰和欧盟正通过不断的市场自由化、资产私有化、基础设施的改进以及提供投资促进项目比如经济特区，帮助外国投资者在波兰进行投资。[①]

（一）政治环境

1989 年，东欧剧变后的波兰从社会主义制度转向西方资本主义制度。之后，波兰成为一个民主共和制的国家，以议会制作为政权组织形式，立法、行政、司法三权分立是波兰的根本政治制度，同时宪法规定波兰的主要经济体制为社会市场经济，在公共行政管理方面实

---

① 刘璐：《波兰"走向中国"——访波兰信息与外国投资局局长 Slawomir Majman》，环球网，https：//world. huanqiu. com，访问时间：2021 年 3 月 1 日。

行中央政府与地方政府分立的体制。在政治架构中，波兰总统是国家元首，任期 5 年，由全民直选产生，政府由总理主导并进行组阁，议会由众议院和参议院组成，是国家最高立法机构，最高法院作为国家的最高司法机构和审判机关。波兰正式注册的政党的有 2000 多个，其中公民纲领党、波兰人民党、法律与公正党、民主左翼联盟是波兰最具影响力的政党，目前执政党为法律与公正党，是众议院的第一大党。从行政区域上看，目前，波兰共有 16 个省、314 个县、66 个县级市和 2477 个乡，[①] 其中较大的城市有华沙市、克拉科夫市、格但斯克市等。截至目前，波兰已加入欧盟、北约、世贸组织以及经合组织等国际组织。

当前，波兰国内政局稳定，具有良好的治安环境。同时，波兰与周边国家也维持了较好的外交关系，与美国、欧盟的关系也比较紧密，因此，波兰的投资安全性可以得到很好的保障。[②] 快速发展的经济，使得波兰成为全球最具吸引力的投资目的地之一。

（二）经济环境

作为欧洲第六大经济体，波兰被世界银行划为高收入国家。波兰历经 20 多年的经济社会结构变革，自市场化转型以来经济一直保持着较好的增长趋势，在中东欧地区较为突出，目前已经成为中东欧地区经济体量最大的国家。

波兰经济长期稳健发展，既有较高的出口比率，又不完全依赖出口，对外部经济环境变化的适应性和调节能力较强。从波兰历年 GDP 变化趋势可以看出，在 2008 年全球金融危机以前，波兰 GDP 实

---

① 吴佳惠：《波兰政府改革与治理》，《福建行政学院学报》2012 年第 4 期。
② 张戈：《中国企业对波兰投资的现状及对策研究》，辽宁大学硕士学位论文，2017。

现了较快的增长，年均增长率达到 15.42%。在 2008 年国际金融危机中，在欧盟主要经济体大都遭受冲击的情况下，虽然波兰经济增速有所放缓，但强大的内需和较低的开放程度维持了波兰经济的持续增长，波兰成为 2009 年唯一实现经济正增长的欧盟成员国，并且经济自 2009 年开始很快实现复苏。在欧债危机中，波兰的经济也出现了一定程度的波动，但从整体上看，其经济增速仍然在欧盟成员国中名列前茅，经济增长保持了较好的韧性和较高的质量（见图 1）。

2019 年，波兰实现国内生产总值（GDP）5900.14 亿美元，同比增长 4.1%,[①] 比 2018 年降低 1 个百分点，在全球 196 个国家中排名第 21 位，人均国内生产总值为 15538 美元，世界排名第 56 位，处于中等发达国家收入水平。世界银行最新数据显示，受新冠肺炎疫情和国际复杂经济形势的影响，2020 年第一季度，波兰国内生产总值增长 3.1%，低于 2019 年第一季度的 4.7%，但经济发展仍然保持较好的增长势头。

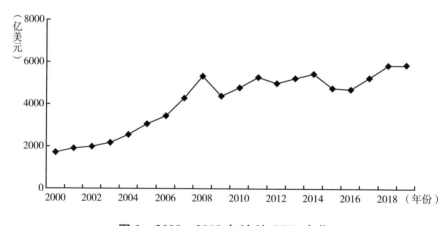

图 1　2000～2019 年波兰 GDP 变化

资料来源：世界银行，https：//data. worldbank. org/indicator/NY. GDP. MKTP. CD？ end = 2019&locations = PL&start = 2000&view = chart。

---

① https：//countryeconomy. com/gdp/poland，访问时间：2021 年 3 月 2 日。

总体上看，波兰经济状况整体良好，国内生产总值增长迅速，产业结构较为平衡，劳动力市场竞争力强，投资环境比较稳定。较快的经济发展带来了投资的强劲需求，波兰正逐渐成为全球投资的热土。随着中国深入推动"一带一路"建设，波兰在中欧之间将发挥愈来愈重要的作用。波兰成为对中国企业非常具有投资吸引力的国家之一。

（三）社会文化环境

波兰是一个多民族国家，其中波兰族在波兰人口中居多数，占比达到98%以上；在少数民族中，德意志人、俄罗斯人、白俄罗斯人和乌克兰人数量较多，还有少量的犹太人、立陶宛人以及斯洛伐克人等。波兰官方语言为波兰语，其次为英语、俄语和德语。在波兰，外语学习作为义务教育的一部分。孩子自 6 岁开始学外语，英语是波兰的第一外语，也是最受年轻人士及商界青睐的外语。

波兰宗教氛围浓厚，民众以信奉天主教为主，东正教和基督教新教信奉的人数也不少。波兰拥有风格各异的各种教堂。波兰人的宗教虔诚度在欧洲数一数二，教徒恪守教规，习惯佩挂十字架项链等饰品。教会在波兰具有较大的影响力，前罗马教皇约翰·保罗二世是波兰人的骄傲。波兰工会在日常政治生活中也具有很大的影响力，作为一个具有工会运动传统的国家，波兰在政府正式注册的工会有 2 万余个。其中团结工会和全波工会协会是影响力最大的两个全国性工会组织，也是国际劳工组织成员。此外，矿工、教师、护士、农民等各行各业几乎都组建了自己的工会组织。工会组织代表劳工参与社会经济事务委员会，其影响逐渐渗透到国家的政治、经济和社会生活等各个方面。近年来，波兰通过实行由政府、工会和商会组成的"三方委员会"协商制度，很好地保障了劳工的权益。例如在外资并购及企业改革中，工会对企业职工的利益十分关注。2017～2019 年，波兰

华沙出租车司机多次举行罢工，要求政府对 Uber 司机的合法性和 Uber 公司的合法性给出解决方案。①

波兰具有较为完善的法律制度体系。在加入欧盟以后，波兰国内法律体系又进一步与欧盟的法律法规相衔接，这使得波兰的法律体系得以扩充。在法律实施过程中，波兰建立起了较为独立的司法体系，良好的法律环境为波兰的外商投资提供了法律保障。波兰社会治安状况总体良好，社会安定，很少发生社会治安事件。良好的治安环境也使得波兰成为世界十大旅游目的国之一，旅游业已经成为波兰外汇收入的主要来源之一。主要的旅游城市有罗兹、波兹南、克拉科夫、什切青、格但斯克等。

二 波兰投资的营商环境

波兰拥有较好的营商环境，有低成本、高素质的劳动力资源，有良好的地理条件和区位优势。交通基础设施的不断完善，且税赋较低，使得欧洲众多的高端制造产业均在波兰建立生产或研发基地，波兰在欧洲制造业的地位愈发重要。目前，波兰境内拥有 14 个经济特区，此外遍布全国的特色工业园区可充分满足外来投资落地的需求。外企投资除了可以享受波兰政府的预算支持，还可以在华沙争取来自交易所及欧洲金融稳定基金的融资。

（一）基础设施

交通基础设施方面。波兰交通基础设施在欧盟成员国中发展相对滞后。截至 2018 年底，波兰各类道路总里程仅为 42.4 万公里，其中

---

① 商务部国际贸易经济合作研究院：《对外投资合作国别（地区）指南——波兰（2020）》，http：//www.mofcom.gov.cn/dl/gbdqzn/upload/bolan.pdf。

国家干道 1.94 万公里，区域干道 2.89 万公里，地方干道 25.17 万公里。铁路里程 1.93 万公里，其中电气化铁路 1.19 万公里。综合来看，波兰铁路路网及设备的质量不高，铁路时速慢，线路设备老化，铁路的通达率和路网密度还有待进一步提升，同时铁路在货运中分担率不足，导致物流成本高企。此外，波兰高速公路里程较少且优质公路比例明显不足。相关数据显示，截至 2019 年底波兰高速公路通车里程为 3730.7 公里，仅为我国贵州省高速公路通车里程的一半。在水运上，波兰拥有环波罗的海的 33 个港口，主要港口包括格但斯克、格丁尼亚、什切青、希维诺乌伊西切等，但港口设施也不完善，轮船进出港所需时间较长，运行效率低下，运输成本较高。

电力能源方面。波兰的电力产业较为发达，发电的方式主要是火力发电，能源结构相对单一，近 90% 的电力来自燃煤电厂，对煤炭资源依赖较大，同时环境污染严重。随着经济的快速发展，波兰对电力的需求越来越大，波兰输配电网急需更新换代和现代化改造。波兰政府正计划扩建和改造电力线网，以保障充足的电力供应。同时，波兰为了促进可再生能源的发展，近年来一直增加对风能、太阳能、水能、核能等可再生能源的投资，其在能源结构中的占比也在逐年增加。

信息技术方面。波兰的 IT 产业发展迅速，信息技术市场规模仅次于俄罗斯，是中东欧地区第二大 IT 市场。波兰是欧洲第一大家电生产国，也是中东欧电子设备的最大供应国之一。在 IT 基础设施、航空网络布局及大数据设置等方面，波兰有良好的基础，且发展十分迅速，已经达到可与欧洲发达国家一较高下的水平。波兰高等教育比较发达，有着良好的教育体制，培养了较多的信息技术人才。相关数据显示，2020 年在波兰 IT 技术和服务领域任职的专家和管理人员的数量达到 31.6 万，比 2019 年增加了近 2%。

近年来，波兰通过强化基础设施投资建设，不断补足交通基础设施发展的短板。相关数据显示，在 2014～2020 年欧盟援助波兰的基础设施和环境项目基金中，用于铁路路网建设和升级改造的资金高达58.99 亿欧元，用于发展城市低碳交通特别是公共交通系统的资金也高达 27 亿欧元。当前，各类基础设施建设成为波兰政府优先考虑的项目，在对外交通运输通道上向西连接德国和荷比卢，向东打通与俄罗斯和乌克兰的交通通道；在内部强化交通基础设施建设，特别是快速路网和高等级公路建设。根据《2020 年交通发展战略及 2030 年展望》和《2023 年国家道路建设计划》，波兰将投入 203 亿欧元用于高速路网的新建和改造，预计到 2030 年，波兰完成铁路现代化改造后，其电气化率和路网质量将得到进一步改善。[1]

（二）资源禀赋

波兰拥有较为丰富的自然资源。其煤炭、硫黄、铜和银的储量和产量均居世界前列，此外波兰还蕴藏着较为丰富的锌、铅、天然气和盐矿资源。得益于国际领先的采矿技术和管理水平，波兰的冶金、矿山机械等产业也是优势行业，支撑波兰成为欧洲第二大产煤国、第二大产铜国、第一大产银国。[2] 波兰已探明硬煤储量约 586 亿吨，褐煤储量约 235 亿吨，煤储量居世界第五位。硬煤主要分布在西里西亚北部、瓦夫布日赫和卢布林地区，硬煤产量占欧盟总需求量的 10%。波兰也是居俄罗斯之后欧洲第二大、世界第九大产铜国，铜矿主要分布在下西里西亚地区。此外，波兰白银生产也在世界占有一席之地，白银产量位居欧洲第一，产出的铜和银主要面向欧盟市场。波兰铜业集团股份公司是波兰最大的铜生产商、出口商和世界最大的铜、银生产商之一。

---

[1] 王晚晴：《中国与"一带一路"国家钢铁产能合作发展研究》，天津财经大学硕士学位论文，2017。

[2] 李丹琳、张元红：《波兰共和国的投资环境》，《东欧中亚市场研究》1997 年第 12 期。

与丰富的煤炭储量相比，波兰油气资源较为匮乏。波兰的能源消费绝大部分来源于燃煤，近年来，可再生能源在能源消费结构中比重不断提升，清洁能源比重逐渐提高到15%以上。波兰油气资源对外依存度较高，95%以上的石油和天然气需要进口，其中绝大部分来源于俄罗斯。虽然石油和天然气资源匮乏，但波兰页岩气有着较高的储量。相关数据显示，波兰页岩气探明储量高达5.3万亿立方米，[①] 居欧洲之首。随着开采技术的不断成熟，波兰也具有了页岩气出口的潜力。

（三）劳动力资源

波兰拥有巨大的劳动力市场，而且劳动力的素质很高。根据波兰中央统计局发布的数据，2019年波兰人口数量达到3841万人（具体为38411148人），其中女性占比为51.6%，略高于男性。图2显示了波兰2019年人口年龄结构分布，其中，15～64岁适龄劳动人口约占总人口数量的68.55%，达到2633万人，65岁以上人口占比为16.4%。城镇人口2312万，占比为60.19%，城镇化水平较高，但波兰人口增长率不高，2019年人口实际增长率仅为0.01%。

2019年第四季度，波兰就业人数为1650.7万人，其中在私营部门就业的人数为1259.4万人。劳动力分布最广的行业分别为工业（323.38万人）、农业（238.2万人）、零售业（236.09万人）以及教育业（118.9万人）。从失业率看，波兰整体的失业率较低，2019年全年失业率仅为3.3%，女性失业率略高于男性，为4.1%。2020年第一季度，受新冠肺炎疫情的影响，波兰失业率上升至5.5%（见图3）。

目前波兰人均月收入为5489.21兹罗提，折合8500元人民币。2019年，平均工资最高的几个行业分别为采煤业（10985.15兹罗提）、信息通信业（9303.62兹罗提）、采矿业（9149.17兹罗提）、

---

① 顾锦龙：《页岩气开采波兰遇两难》，《石油石化节能》2011年第1期。

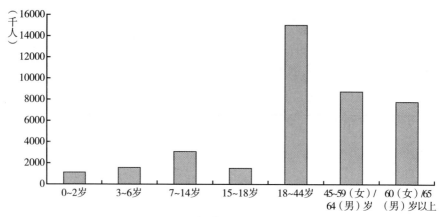

图2 2019年波兰人口年龄分布

资料来源：波兰中央统计局，https：//stat. gov. pl/en/topics/population/
population/population – size – and – structure – and – vital – statistics – in – poland – by –
territorial – divison – as – of – december – 31 – 2020，3，29. html。

图3 2000～2020年波兰失业率情况

资料来源：世界银行，https：//data. worldbank. org/indicator/SL. UEM. TOTL.
NE. ZS? locations = PL。

石油精炼业（8224.86兹罗提）、燃气及水的生产和供应业（7791.77
兹罗提）、药品制造业（7636.49兹罗提）。根据欧盟统计局发布的数
据，2018年欧盟劳动力成本约为27.4欧元/时，波兰为10.1欧元/
时，比2017年上升6.8%。劳动力成本包括员工薪酬、福利、社会

保险费等支出。劳动力成本低于波兰的欧盟国家有保加利亚、罗马尼亚、立陶宛、匈牙利和拉脱维亚。劳动力成本排前五位的欧盟国家分别为丹麦、卢森堡、比利时、瑞典和法国。欧元区劳动力成本为30.6 欧元/时。[①] 根据波兰 PWC 公司的调查，波兰劳动力成本相当于西欧国家和美国整体水平的一半左右。

波兰的教育水平较高。经合组织最新研究报告指出，波兰高等教育阶段学生的年龄范围为 19～23 岁，高等教育适龄人口达 24.04 万人。[②] 波兰的教育水平排名列欧洲第五，居世界前列。波兰十分重视对教育的投资，近年来公共教育经费支出一直占 GDP 大约 5% 的水平，占预算收入的 10% 以上。目前波兰有 400 多所各种类型的大学，其中包括 134 所公立大学、297 所私立大学，在校学生约为 150 万人。波兰著名的高等学府有华沙大学（公立）、波兹南密茨凯维奇大学（公立）、克拉科夫雅盖隆大学（公立）、华沙科依敏斯基大学（私立）、社会科学与人文学大学（私立）、华沙工业大学（公立）等，[③] 其中，华沙大学与克拉科夫雅盖隆大学进入 2019 年 QS 世界大学排行榜 500强。波兰的大学生绝大多数都能熟练掌握一到两门外语。

（四）企业财税环境

波兰的税收体系以所得税和增值税为核心，税种可分为直接税和间接税。直接税包括企业所得税、个人所得税、房产税、财产转让税、资本税和印花税等，间接税包括增值税、关税和消

---

① 中华人民共和国商务部网站，http://www.mofcom.gov.cn/article/i/jyjl/m/201904/20190402855042.shtml，访问时间：2021 年 3 月 2 日。
② 刘进、林松月：《"一带一路"沿线国家的高等教育现状与发展趋势研究（二十八）——以波兰为例》，《世界教育信息》2019 年第 10 期。
③ 刘进、林松月：《"一带一路"沿线国家的高等教育现状与发展趋势研究（二十八）——以波兰为例》，《世界教育信息》2019 年第 10 期。

费税。① 波兰的企业所得税税率通常为 19%。2019 年起，波兰引入了优惠税率，对于当年收入未达到 120 万欧元的小规模纳税人以及经营活动不超过一年的企业，其部分收入适用 9% 的税率。对受控外国的公司适用 19% 的税率。目前波兰在欧盟国家中其企业所得税税率具有相当的优势，远低于法国（26.5%）、德国（30%）、西班牙（25%）、意大利（24%）等国家（见表 1）。

表 1　欧盟国家企业所得税税率一览

单位：%

国家	企业所得税税率	参考日期	国家	企业所得税税率	参考日期
奥地利	25	2021 – 12	意大利	24	2021 – 12
比利时	25	2021 – 12	拉脱维亚	20	2021 – 12
保加利亚	10	2021 – 12	立陶宛	15	2021 – 12
克罗地亚	18	2021 – 12	卢森堡	24.94	2021 – 12
塞浦路斯	12.5	2021 – 12	马耳他	35	2021 – 12
捷克	19	2021 – 12	荷兰	25	2021 – 12
丹麦	22	2021 – 12	波兰	19	2021 – 12
爱沙尼亚	20	2021 – 12	葡萄牙	21	2021 – 12
芬兰	20	2021 – 12	罗马尼亚	16	2021 – 12
法国	26.5	2021 – 12	斯洛伐克	21	2021 – 12
德国	30	2021 – 12	斯洛文尼亚	19	2021 – 12
希腊	24	2021 – 12	西班牙	25	2021 – 12
匈牙利	9	2021 – 12	瑞典	20.6	2021 – 12
爱尔兰	12.5	2021 – 12			

资料来源：Trading Economics，https：//zh. tradingeconomics. com/country – list/corporate – tax – rate? continent = europe，访问日期：2022 年 2 月 21 日。

---

① 国家税务总局国际税务司国别投资税收指南课题组：《中国居民赴波兰投资税收指南（2019）》，http：//www. chinatax. gov. cn/n810219/n810744/n1671176/n1671206/。

根据波兰《公司所得税法》，企业在本纳税年度为经营活动支出的必要费用被允许税前扣除。具体包括折旧、商誉、开办费、捐赠收入、税费等，此外企业还可以进行纳税亏损结转。此外，在波兰 14 个经济特区的企业还可以享受特别政策给予的投资税收优惠待遇。具体来看，税收优惠力度的大小受到企业投资规模及投资行业的影响，投资规模大的企业可享受最高 50% 合规费用支出税收优惠，重大投资项目所得税在相当长的时间内可享受减免（目前该项政策规定可持续到 2026 年）。值得一提的是，对于中小企业税收优惠还有上浮空间，小型企业税收优惠可在基准上上浮 20%，中型企业税收优惠可在基准上上浮 10%。

波兰的增值税体系跟欧美国家相同。对于大部分服务而言，其增值税税率为 23%。对于特定商品和服务，其依类别不同适用不同的增值税税率，最低可为 0。2017 年 1 月 1 日起，年收入不超过 120 万欧元的小型纳税人或新成立公司适用的增值税税率为 15%。企业还可享受研发费用额外税收减免的优惠。2018 年生效的关于研发部门税收减免政策的法律修正案还规定：不论企业规模大小，符合条件的研发成本可在税前扣除的比例进一步上调至 100%。新法律还出台了若干其他措施，包括风险投资公司、投资研发公司的专门税收豁免政策延长到 2023 年，以确保向研发活动提供资金支持。[1]

对于个人所得税，波兰采用 18% 和 32% 的累进税率制。根据相关法案，政府也可对个人所得税负担进行优化。波兰还拥有发达的税收协定网络，并与超过 90 个国家签订了免双重征税协定。

（五）金融环境

波兰的官方货币是兹罗提，1 兹罗提等于 100 格罗希，相当于

---

[1] 《一带一路财税实务｜中东欧投资——波兰营商环境分析：以税收体系为例》，搜狐网，https://www.sohu.com/a/227287781_825950，访问时间：2021 年 3 月 2 日。

1.81 元人民币。波兰金融稳定，国际评级机构穆迪一直给予波兰 A2 的较高评级，并将展望设为稳定。波兰的金融市场主要有债券市场、货币市场、证券交易市场。债券市场主要用于政府发行各类债券，随着经济的增长，近年来企业发行的债券的规模也在不断增长。波兰是金融市场最稳定的欧洲国家之一，其银行系统十分稳定，经受住了欧债危机的考验。华沙证券交易所是波兰唯一的证券市场（经营股票、期货、债券交易、投资凭证、衍生工具和期货交易），也是中东欧地区第二大证券交易市场，正成为中东欧区域投资中心，实际上它也是中东欧地区最大的股票交易市场。

此外，波兰是中东欧地区最大的金融科技市场，其市场价值估计为 8.56 亿欧元。华沙是波兰创业公司的聚集地，也是中东欧地区金融中心。全球金融中心指数（GFCI）将华沙列为中东欧地区第 12 大最具竞争力的金融中心，在全球排名第 45 位。[①]

波兰拥有高素质的金融领域人才和高技能的 IT 专业人士。在波兰，有超过 100 家金融科技创新公司，涉及电子支付、金融平台、贷款、信贷、加密货币、交易、数据分析（信用评分）、机器学习、众筹和 P2P。2015 年，谷歌开设了华沙区域中心，这是世界第五个区域中心，也是中东欧地区的第一个谷歌区域中心。2017 年，微软又开设了另一个孵化器。

三 波兰的投资优势

波兰地理位置优越，国内市场发展迅速且有广阔的腹地，低廉的劳动力成本、优惠的投资政策，使得波兰成为国内外投资者投资

[①] 上海图书馆上海科学技术情报研究所：《波兰金融科技市场简述》，http：// www. istis. sh. cn/list/list. aspx？ id = 11844，访问时间：2021 年 3 月 2 日。

欧盟市场的门户和首选投资地，也支撑了波兰作为欧盟第六大经济体的地位。近年来，波兰吸引外国直接投资额一直稳居中东欧国家之首。

（一）地理位置优越

波兰具有独特的区位优势，其位于欧洲大陆的"十字路口"，是连接东西、沟通中欧的重要枢纽，也是我国实施"一带一路"倡议的重要节点国家。从地理角度看，波兰位于从西欧通向俄罗斯和中国，从斯堪的纳维亚国家（北欧5国）通向南欧和中东的主要运输线路的交叉点上，濒临俄罗斯和德国两大国际市场，成为欧洲东西向和南北向交通动脉中的关键环节。波兰是跨欧洲铁路运输网络（TEN-T）的重要组成部分。贯穿欧盟北部的北海—波罗的海走廊和波罗的海—亚得里亚海走廊交通廊道在波兰首都华沙交汇。在国际运输通道中波兰也处于核心枢纽地位，共有4条国际铁路运输通道途经波兰，在位于欧盟境内的2条线路中，一条经波兰格但斯克港向南延伸至地中海，另一条从荷兰经德国、波兰至波罗的海三国，另外连接亚洲的铁路分别经波兰、白俄罗斯、乌克兰，再通过俄罗斯连接亚洲各国，中欧班列国际运输通道就在这条线上。

波兰在中欧贸易之间承担着物流中心和枢纽节点的重要作用。波兰是亚欧大陆骨干路线的必经之地，在"一带一路"倡议中，中国的商品进入欧盟的首站就是波兰。目前，连接中国和波兰的国际铁路运输通道已有数条，且在沿线国家的共同努力下，现在海关通关也十分便利。中波之间目前仅存在2个海关口岸，一个位于中国与哈萨克斯坦之间，一个位于白俄罗斯与波兰之间，第一次清关后商品从中国进入哈萨克斯坦，随后进入欧亚经济联盟。目前，中波之间铁路货运已经十分频繁，定期班列早在2013年就开始运营，其中，中欧班列中自中国武汉开往捷克帕尔杜比采、自中国重庆开往德国杜伊斯堡、

自中国郑州开往德国汉堡、自中国呼和浩特开往德国法兰克福等多趟货运列车都会途经波兰。

（二）投资政策优惠

波兰具有较为优惠的投资贸易安排，政府出台了一系列激励政策以吸引外国直接投资。波兰通过政府补助、欧盟结构基金支持、税收减免等对外国投资进行鼓励。2015～2019年，波兰政府实施"负责任的经济发展战略"，推行再工业化、鼓励创新、海外扩展、家庭"500＋计划"等经济社会政策，同时还有针对新技术采购及研发中心的专门的税收优惠抵扣。波兰还整合欧盟层面相关支持政策对投资者新创岗位和实业投资予以补助，补助金额最多可达总投资的50%。

对于外商直接投资，波兰政府给予国民待遇政策优惠，外商投资者不仅不受投资领域限制，反而可以在波兰购买不动产，其投资收益可全面返回本国。此外，波兰政府还进一步规定，对于外商投资者出售的固定资产，可获得进口关税免缴待遇，只要满足3年内不进行转移的门槛要求。特别经济区的企业在投资项目时，进口的机械设备也可享受免税优惠。作为欧盟成员国，波兰自2004年加入欧盟后，进一步完善了其法律体系。波兰遵循欧盟统一市场规则，欧盟与第三国签署的国际经贸协定可直接适用波兰。

根据波兰《在经济特区支持对国民经济有重要意义的投资计划》，投资者可向政府申请特定资助，并享受政府投资激励拨款补助（《波兰重大投资支持计划2011～2030》，2019年10月1日最新修订）。若投资者在汽车、电子、航空、生物技术、现代服务业及研发等行业进行新投资，则有多种资助方式可以选择。来自中央政府的资助可分为就业资助（Employment grant）和投资资助（Investment grant）两大类别（见表2、表3）。投资资助根据投资成本、创造的

就业机会等综合确定补助额度，每个就业岗位最高可获补助达 20000
兹罗提。①

表 2　波兰就业资助政策

投资类型	新增岗位最少人数 （人）	最低投资额 （百万兹罗提）	最高资助金额 （兹罗提）
商业服务行业	250 或 50	1. 5 或 0. 3	12000 或 15000
卓越中心	150 或 50	1. 5 或 0. 3	12000 或 15000
研发类	10	1	15000 或 20000

资料来源：波兰投资贸易署网站，https：//www. paih. gov. pl/。

表 3　波兰投资资助政策

投资类型	新增岗位最少人数 （人）	最低投资额 （百万兹罗提）	资助比例 （％）
战略类	100	160	最高 10 或 15
创新类	20	7	最高 10 或 15
研发类	10	1	最高 10 或 15

资料来源：波兰投资贸易署网站，https：//www. paih. gov. pl/。

2018 年 6 月 30 日，波兰出台《支持新投资法案》，取代原特殊
经济区政策，税收减免突破地域限制，实现全国化，获得投资支持的
标准也相应调整变化，特别是支持中、小型/微型企业的优惠增加了
10～20 个基点。波兰投资区作为特别经济区的"接力棒"和升级版，
成为波兰在新的世界与地区经济大环境中谋求经济增长、实现产业结

---

① 波兰投资贸易署网站，https：//www. paih. gov. pl/why＿ poland/investment＿
investment＿ incentives/programme＿ for＿ supporting＿ investments＿ of＿ major＿ importance＿ to＿
the＿ polish＿ economy＿ for＿ 2011＿ －＿ 2030#，访问时间：2021 年 3 月 2 日。

构优化等目标的重要工具。①

波兰还对企业研发活动进行资助。自 2019 年 1 月 1 日以来，波兰政府为投资者的研发创新活动提供了大量支持，包括研发税收减免、创新工具盒、政府研发补助，以及一系列欧盟基金支持。其中，研发税收减免措施使得企业研发活动所得税可以按照最高 150% 的金额加计扣除。创新工具盒对符合条件的知识产权所获取的收入给予 5% 的特别优惠税率，此举也适用于纳税人通过对购买的知识产权进行投入或提升而获取的收入。此外，根据欧盟产业资助政策，波兰政府对环保产业、劳工市场投资及研发项目进行公共资助。2014～2020 年欧盟对波兰资金支持达 825 亿欧元，主要支持研发、基建和环境、教育扶持、东部地区开发、数字化、科技扶持等项目及 16 个地方项目。②

（三）劳动力丰富

劳动力资源充足是波兰最具吸引力的投资优势之一。外商直接投资看重的不仅是波兰劳动力相对低廉，还包括波兰劳动力质量相对较高。超过 70% 的总人口居住在城市及周边地区，波兰的劳动力人口在欧洲依然相对年轻，接近 2600 万人口处于劳动适龄范围。波兰大学生人数约占欧洲大学生总人数的 1/10，波兰人口的年轻化结构以及优质的教育水平确保了具有良好技能和较高教育程度的劳动力的持续供给。与其他欧盟国家相比，波兰具有极具竞争力的劳动力成本，其劳动力成本约为西欧、北欧国家如英国、德国的1/4，也远低于临近的捷克、奥地利等国家。

---

① 龙静：《波兰特别经济区的最新发展及中国对波投资的展望》，《欧亚经济》2019 年第 5 期。

② 商务部国际贸易经济合作研究院：《对外投资合作国别（地区）指南——波兰（2020）》，http：//www. mofcom. gov. cn/dl/gbdqzn/upload/bolan. pdf。

波兰高等教育人口比例较大，在 1700 万 15~64 岁的专业劳动者中，高等教育人口占比将近 20%。根据欧洲统计局的数据，波兰在接受过高等教育的人数方面在整个欧盟内排第四位，仅次于英国、德国和法国，当前高等教育在校生规模超过 150 万人。波兰拥有极具竞争力的劳动力市场，雇佣手续简便，劳资关系良好。在劳动雇佣关系中，波兰采用临时性合同。临时性合同既可以依据民法订立，也可以依据劳动法订立。在基于民法订立的劳动临时性合同中，企业可以通过减少雇佣劳动者的众多福利降低用工成本，因此采用基于民法订立的劳动临时性合同在波兰十分盛行。

（四）投资税赋轻

波兰很少限制外国投资领域，在欧盟范围内尽量鼓励外资进入，而外资在波兰可享受国民待遇。国家层面对外国直接投资的鼓励政策主要包括三类：给予投资项目现金资助、房地产税减免、经济特区政策。在欧盟成员国中，波兰的整体税赋相对较轻，特别是在波兰经济特区内的企业，在享受政府的特别税收优惠如企业所得税优惠及房产税减免后，税赋比欧美其他国家都低，这极大地增强了波兰对外商投资的吸引力。

在企业所得税方面，当前波兰所得税税率一律为 19%（合伙制企业除外），比全球平均水平低 24 个百分点，也低于欧盟成员国的平均水平（23.6%）。在增值税方面，波兰规定的标准税率为 23%，投资项目还可申请享受 8% 或 5% 的优惠税率，部分投资行业更是可以申请增值税豁免。处于经济特区内的企业可申请免缴企业所得税，另外还可以申请免缴地方所得税。波兰境内有 14 个经济特区，它们提供税务减免、靠近供应商或客户的优越地理位置，以及投资场所配备完善的基础设施和公用设施等各种极具吸引力的条件。在经济特区内，投资额大于 10 万欧元的项目可申请免缴企业所得税。

2018 年，波兰出台《支持新投资法案》，取代原特殊经济区政策，税收减免突破地域限制，实现了全国化，获得投资支持的标准也相应调整变化。法案规定，现有 14 个经济特区内的企业，继续享受原有优惠政策，经济特区政策将于 2026 年到期废止。届时，波兰全境将被视为经济特区，符合一定条件的新投资可以享受所得税减免。除从事爆炸物生产、酒精或烟草制品生产、冶金、钢铁、煤炭、能源生产和分销、批发和零售贸易、运输、建筑工程、住宿餐饮服务、运营游戏中心等业务以外的工业企业，以及从事自然和技术科学领域的 IT 服务、研究和开发、审计和簿记服务、会计（不包括税务申报）、技术研究和分析服务、呼叫中心、建筑和工程服务等业务的商业服务企业（BSS）的新增投资可以申请税收减免。

此外，中波两国政府还签署了税收协定，并于 1989 年 1 月 7 日起执行。中波税收协定的无差别待遇条款规定了中波两国之间在国内税收征管方面的国民待遇原则。中波税收协定执行以来，在避免中国和波兰两国纳税人在经济贸易中被双重征税，协调两国间税收利益，促进两国资本、技术的交流与合作等方面发挥了积极作用。目前中波税收协定在中国适用的具体税种为个人所得税和企业所得税。而在波兰适用于所得税、工资薪金税、平衡税、不动产税和农业税。

（五）不存在汇兑限制

波兰汇率采用自由浮动汇率，兹罗提可与其他主权货币自由兑换，汇率完全由市场供求决定。根据波兰《外汇法》，波兰不进行外汇管制，仅对国际收支资本项目进行管制，从这一点可以看出，波兰对资本项目的开放较为谨慎。在汇兑上，波兰不进行汇兑限制。在波兰注册的外国企业可以在银行开设外汇账户，用于进出口和资本结算。① 外国投资者的合法收入完税后可全部转移到国外，但超过 1.5 万欧元的外汇交易需到指定银行办理。在出入境时，旅行者携带超过 1 万欧元的等值外币需要向海关及出入境机构进行申报，特别是携带黄金出入境必须进行申报。由此看出，波兰对此项管理相对较为严格。

（六）经济特区支持

1994 年，波兰通过了《特别经济区法案》，决定通过提供工业用地、减免企业税收、提供政府优惠政策等方式在全国范围内建立特别经济区。经过 20 多年的发展，目前，波兰全国境内共成立了 14 个经济特区（见表4），总面积已经超过 12633 公顷。经济特区内的主导行业包括汽车、矿物加工、金属和电子产业。

表4　波兰经济特区基本情况

经济特区名称	说明
欧洲－米尔莱兹经济特区（Euro-Park Mielec SEZ）	位于波兰东南部,面积 1643 公顷,拥有 32 个子区域。主要投资领域:航空航天、汽车及零部件、木材加工、电子及家用电器等。
苏瓦乌基经济特区（Suwalki SEZ）	位于波兰东北部,面积 635 公顷,拥有 13 个子区域。主要投资领域:木材加工、建材、金属制品、印刷、精密仪器等。
卡托维兹经济特区（Katowice SEZ）	位于波兰东南部,面积 2614 公顷。主要投资领域:汽车、玻璃、电子及家用电器、建筑、钢铁、食品加工。

---

① 《外汇管理》，中华人民共和国驻波兰共和国大使馆经济商务参赞处，http：//pl. mofcom. gov. cn/article/ddfg/whzhch/200404/20040400214858. shtml，访问时间：2021 年 3 月 2 日。

经济特区名称	说明
卡米那古拉经济特区 （Kamienna Gora SEZ for Medium and Small Business）	位于波兰西南部,面积 373.83 公顷,拥有 15 个子区域。主要投资领域:汽车零部件、纺织、金属制品、木材加工、陶瓷、印刷。
考斯申－斯乌比采经济特区 （Kostrzyn-Slubice SEZ）	位于波兰西部,面积 2165 公顷,拥有 56 个子区域。主要投资领域:汽车及零部件、电子及家用电器、造纸、木材加工、金属制品等。
克拉科夫技术园经济特区 （Krakow Technology Park SEZ）	位于波兰南部,面积 866 公顷,拥有 32 个子区域,2 个科技孵化器和 1 个种子基金。主要投资领域:IT、通信、商务流程外包、化学、汽车等,主要投资来源地:美国、波兰、法国等。
莱格尼察经济特区 （Legnica SEZ）	位于波兰西南部,面积 1700 公顷,拥有 21 个子区域。主要投资领域:汽车和金属工业。
罗兹经济特区 （Lodz SEZ）	位于波兰中部,面积 1339 公顷,拥有 44 个子区域。主要投资领域:IT、商业流程外包、医药和化妆品、电子及家用电器、包装等。
滨海经济特区 （Pomeranian SEZ）	位于波兰北部,面积 2246.29 公顷,拥有 35 个子区域。主要投资领域:电子、轮胎、塑料成型模具、造纸、金属制造等。
斯乌普斯克经济特区 （Slupsk SEZ）	位于波兰北部,面积 910 公顷,拥有 18 个子区域。主要投资领域:建筑材料、金属加工、塑料加工、冷链物流等。主要投资来源地:波兰、瑞典、瑞士、塞浦路斯等。
斯塔拉霍维斯经济特区 （Starachowice SEZ）	位于波兰东南部,面积 644 公顷,拥有 15 个子区域。主要投资领域:办公设备、陶瓷、金属加工、化学、汽车及零部件等。主要投资来源地:波兰、瑞士、意大利、法国、德国等。
塔诺波莱戈经济特区 （Tarnobrzeg SEZ"Euro-Park Wislosan"）	位于波兰东南部,面积 1868.2 公顷,拥有 22 个子区域。主要投资领域:电子及 LED、塑料制品、金属加工、印刷等。主要投资来源地:韩国、芬兰、日本、波兰等。
瓦布日赫投资园经济特区 （Walbrzych "Invest Park" SEZ）	横跨波兰西南部 4 个省份,面积 3550.53 公顷,拥有 53 个子区域。主要投资领域:汽车及零部件、电子及白色家电、IT 等。
瓦尔米亚－马祖里经济特区 （Warminsko-Mazurska SEZ）	位于波兰东北部,面积 1057 公顷,拥有 30 个子区域。主要投资领域:轮胎、电子、木材加工、家具、汽车零部件等。

资料来源:波兰投资贸易署。

波兰经济特区在设施保障、运营环境、公共服务、合作质量、管理水平等各方面的表现较为优秀，在投资者中获得较高评价。波兰经济特区借助各自的比较优势，逐步形成了汽车、航空、电子和食品加工这四个具有明显优势的产业集群，共同构建了当前波兰较为合理、稳健的产业发展格局。

在经济特区里的企业可申请享受税务豁免。以税务豁免的形式获得的公共补助的金额为符合资格的投资支出乘以各具体区域最大的公共补助乘数。公共补助乘数的强度通常在40% ~ 50%。在经济特区内，企业还可以获得支付新雇员工两年薪金的公共补助。上述公共补助被视为地区性补助，企业可与其他公共补助（如欧盟或国家补助）同时获得，一起累积。要享受税务豁免，必须由相应区域的管理机构出具企业在经济特区内经营的许可。[①] 外商投资可享受国家层面及欧盟层面的现金补助，新投资最高享受的现金补助可达投资成本的50%甚至70%，具体比例根据投资项目的规模及投资行业而定，同时也受投资项目所在区域的影响。

四　波兰投资竞争力分析

根据世界银行《2020 年营商环境报告》，波兰在 190 个国家中排名第 40 位，营商环境便利度得分为 76.4 分，排名虽比 2019 年下降了 7 位，但较 2012 年的第 74 位有较大提升。在该排名中，立陶宛、德国等 13 个欧盟国家领先波兰。在 FDI INTELLIGENCE 排名中，波兰首都华沙在欧洲商业友好型城市中排名第 3，领先柏林、斯德哥尔摩、哥本哈根等欧洲大都市。

---

① http：// www. ydyliit. com/index. php? m = content&c = index&a = show&catid = 136&id = 3227，访问时间：2021 年 3 月 2 日。

在表5营商环境10个主要评估项中，波兰在跨境贸易特别是出口文件法规方面排名世界第1（与加拿大、西班牙并列）。排名靠前的还有办理破产（第25位）、获得信贷（第37位）。在开办企业（程序、成本等）方面，排第128位，在办理施工许可证方面，排第39位。

表5　波兰营商环境得分及排名（2020年）

类别	DB 2020 排名	DB 2020	DB 2019	DB 变化
总体	40	76.4	76.9	-0.5
开办企业	128	82.9	82.8	0.1
办理施工许可证	39	76.4	76.3	0.1
获得电力	60	82.3	81.4	0.9
登记财产	92	63.9	70.5	-6.6
获得信贷	37	75	75	—
保护少数投资者	51	66	66	—
纳税	77	76.4	76.5	-0.1
跨境贸易	1	100	100	—
执行合同	55	64.4	64.4	—
办理破产	25	76.5	76.5	—

资料来源：世界银行，https：//data.worldbank.org/indicator/IC.BUS.EASE.XQ。

从图4营商环境得分可知，2014年波兰营商环境得分仅为73.9分。到2019年，其营商环境得分升至76.9分，提升4.05%。近年来，波兰营商环境持续改善，特别是在跨境贸易、税收、保护少数投资者、办理施工许可证等方面的排名有大幅上升。良好的营商环境、独特的战略区位优势、优惠的投资政策，使得波兰成为吸引外资重要目的地之一。

从图5全球竞争力指数看，2019年波兰竞争力指数为68.89分，

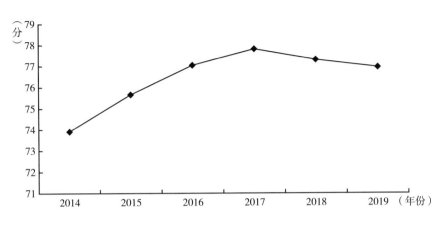

图 4　2014～2019 年波兰营商环境得分变化趋势

资料来源：世界银行。

全球排第 37 位。最近十年，随着营商环境的改善，波兰的全球竞争力不断提升，竞争力指数从 2010 年的 61.85 分上升到 2019 年的 68.89 分，提升幅度达到 11.38%。在创新指数方面，波兰 2018 年得分为 41.67 分，全球排第 39 位，比 2017 年略有降低。最新数据显示，2020 年，波兰全球创新指数排第 38 位，在中东欧国家中创新环境较为优越。近十年的数据显示，波兰创新指数一直维持在 40 分左右，但波兰近年来排名确有下降趋势，这意味着波兰还需要在创新政策及创新环境上持续努力。

此外，从表 6 国家脆弱性指数①看，2018 年，波兰国家脆弱性指数为 41.5 分，全球排第 148 位。在国家和平指数方面，波兰 2018 年得分为 1.727 分，全球排第 32 位，属于比较和平和稳定的国家。从国家脆弱性指数变化趋势看，波兰近十年来国家脆弱性指数一直稳定在 40 分左右，排名也较为稳定。在性别差异指数方面，波兰 2018 年

---

① 国家脆弱性指数包括国家的合法性、发展不平衡程度、难民安置和族群矛盾等多项指标，得分越高，脆弱程度越高。

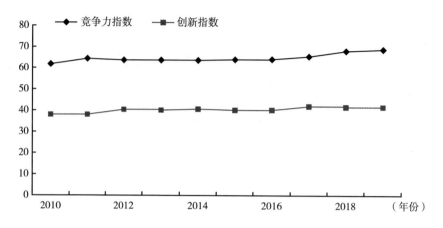

图5　2010～2019年波兰全球竞争力及创新指数变化趋势

资料来源：世界银行。

得分为0.728分，全球排第42位，性别差异相对较大。在全球信息公开评级方面，在123个国家中波兰排第74位，表明波兰在法律透明度方面还需要进一步改善以保证信息的获取。

表6　2010～2018年波兰全球各项指数及其排名

年份	创新指数（GII）	排名	国家脆弱性指数（FSI）	排名	国家和平指数（GPI）	排名	性别差异指数（GGI）	排名
2010	-	-	49.0	142	1.615	30	0.7037	43
2011	38.02	43	46.8	145	1.552	25	0.7038	42
2012	40.40	44	44.3	148	1.530	23	0.7015	53
2013	40.12	49	40.9	153	1.530	25	0.7031	54
2014	40.64	45	42.1	152	1.532	23	0.7051	57
2015	40.16	46	39.8	153	1.430	19	0.7150	51
2016	40.22	39	40.7	152	1.557	22	0.7267	38
2017	42.00	38	40.8	151	1.676	33	0.7280	39
2018	41.67	39	41.5	148	1.727	32	0.7280	42

资料来源：澳大利亚经济与和平研究所（IEP）、*Foreign Policy*杂志、世界经济论坛、Bloomberg。

从表6波兰全球各项指数及其排名中可以看出，波兰政治稳定，无论是国家和平指数还是创新指数排名均靠前，这说明波兰具有较强的竞争优势和投资吸引力。但波兰在法律透明度及稳定性、创新政策及创新环境上还需要持续进行改善，从而创造一个更加优越和极具竞争力的投资环境。

结　语

波兰地处欧洲中心，是连接东欧和西欧的桥梁，地理区位优势十分明显。作为中东欧最具活力和潜力的国家之一，波兰正通过大力推行新的国家经济发展计划，持续加大城市和城际交通基础设施建设，大力发展公共事业和公共服务，高度重视科技创新和人才引进，提升城市生态环境和绿色能源利用，不断提升营商的硬环境和软环境。作为第一批和中国建交的欧洲国家、第一个和中国签署"一带一路"合作备忘录的欧洲国家，波兰吸引了大量中国投资，中国也成为波兰在亚洲最大的贸易伙伴。2020年，中国公司在波兰投资总额超过10亿美元。普洛斯公司斥资逾10亿美元收购了嘉民集团在中东欧的资产，其中70%投向了波兰。此外，华洋集团、济南玫德集团、TCL、上海电气、中国土木工程集团和中国建筑总公司等企业也新增了对波兰的投资项目。随着中国企业投资项目数量的显著增长和投资金额不断创新高，波兰已经成为中国在欧洲最大的投资接受国。展望未来，尽管中波双边贸易受到新冠肺炎疫情及国际贸易保护主义的影响，但中波双边贸易的长期增长趋势依然强劲。中资企业在投资波兰时需要不断增强对波兰投资环境和投资政策的了解，充分利用波兰投资的各种优惠政策，尽可能地规避投资风险，稳步推进中企在海外投资的步伐，提升国际市场竞争能力。

B.9
波兰农业生产及农产品国际贸易

吴　园*

摘　要：　本报告以波兰中央统计局2021年发布的统计数据为基础，分析波兰农业发展的自然条件、发展现状、国际贸易等情况。波兰种植业占农业生产的比重较大，最重要的农作物为谷物，小麦种植面积最大，甜菜产量最高；蔬菜种植以卷心菜、洋葱、胡萝卜等为主；波兰的苹果具有较强的市场竞争力，产量位居世界第三；畜牧业发展具有较好的基础；渔业具有较好的发展潜力。在农产品国际贸易方面，波兰长期保持国际贸易顺差的优势。波兰最主要的农产品出口市场是欧盟地区，中国则是波兰在亚洲地区最大的农产品贸易伙伴。未来波兰农业有望继续保持稳定发展态势，农产品出口潜力将进一步增大。

关键词：　波兰　农业　国际贸易

波兰是中东欧地区最大的农业国。农业是波兰国民经济重要组成部分，波兰农业发展基础较好，其生产的奶制品、蔬菜、水果等在欧

* 吴园，硕士，重庆市农业科学院副研究员，主要从事农业经济与农业政策、农业信息资源等方面的研究。

洲市场上具有较强竞争力。波兰是欧洲市场上主要的农产品供应国。
2011 年，中国和波兰正式签订了《中华人民共和国和波兰共和国关
于建立战略伙伴关系的联合声明》，双方在多个领域达成广泛的共
识。2012 年，中国和 16 个中东欧国家领导人首次在波兰华沙会晤，
中国和中东欧国家合作机制正式建立。随着合作机制的深入运行，其
在中东欧地区的活力也不断凸显，中国和中东欧国家在公共基础设施
建设、金融投资、农业科技等领域的合作日益紧密。随着共建"一
带一路"国家之间的合作迈入高质量发展阶段，中国和波兰在农业
科研基础研究、农产品贸易等领域的合作进一步深化。目前，中国是
波兰在亚洲地区最大的贸易伙伴，农副产品贸易是中波两国目前经贸
合作最关键的领域之一。本报告将对波兰农业发展现状及国际贸易情
况进行详细分析，在此基础上，评估波兰农业发展优势及前景，这将
有助于加强相关人士对波兰国情的认识，为促进中波双边贸易持续健
康发展提供决策参考。

一　波兰农业生产现状

相较于其他产业，农业更易受气候影响，波兰属于海洋性气候向
大陆性气候过渡的温带阔叶林气候，① 总体而言，波兰气候条件对于
农业生产而言不算优越。2019 年，波兰农业用地面积达到 1876 万公
顷，占国土面积的 60%，波兰农业人口 1535 万，约占全国总人口的
2/5，波兰属于欧盟中农业人口最多的国家。农林牧渔业是重要的国民
就业部门，该行业就业人口约占全国就业总人数的 15%。波兰生产
的多种农产品在欧盟及全球市场中都具有较强的竞争力。2019 年，

---

① 翁森红、徐柱、闫志坚等：《波兰的自然概况及农业现状》，《内蒙古科技与经
济》2002 年第 1 期，第 21～47 页。

波兰的苹果产量位居欧盟第1，黑麦产量位居欧盟第2，燕麦产量位居欧盟第2。2018年，波兰的苹果产量位居世界第3，黑麦产量位居世界第2，燕麦产量位居世界第5。另外，波兰的马铃薯、甜菜、油菜籽等产量在欧盟及世界范围内均排在前10名之内，具体情况详见表1、表2。

表1 2019年波兰农产品产量在欧盟范围内占比及排名情况

单位：%

名称	欧盟	
	占比	排名
苹果	28.9	1
黑麦	34.6	2
燕麦	15.1	2
马铃薯	14.3	3
甜菜	12	3
油菜籽	11	3
猪肉	8.9	4
牛奶	7.3	5
小麦	7.1	5
大麦	5.4	6

资料来源：波兰中央统计局，"Statistical Yearbook of Agriculture 2020"，https：//stat. gov. pl/en/topics/statistical－yearbooks/statistical－yearbooks/statistical－yearbook－of－agriculture－2020，6，15. html。

表2 2018年波兰农产品产量在世界范围内占比及排名情况

单位：%

名称	世界	
	占比	排名
黑麦	19.2	2
苹果	4.6	3
燕麦	5.1	5

名称	世界	
	占比	排名
甜菜	5.2	6
油菜籽	2.9	8
马铃薯	2.0	9
牛奶	2.1	12
大麦	2.2	14
肉	1.3	14
小麦	1.3	17

注：波兰农产品产量在世界范围内占比及排名数据只更新到2018年。

资料来源：波兰中央统计局，"Statistical Yearbook of Agriculture 2020"，https：//stat. gov. pl/en/topics/statistical – yearbooks/statistical – yearbooks/statistical – yearbook – of – agriculture – 2020，6，15. html。

（一）种植业

种植业在波兰农业生产中占有重要的位置，其比重达到近53%。波兰种植业中最重要的农作物为谷物，波兰是欧洲最大的谷物生产国之一。近十年来，波兰谷物生产呈现倒"U"型的发展态势：2011～2014年，谷物产量呈现不断上升的趋势，并在2014年达到最高峰，产量为3195万吨；2014～2019年，谷物产量呈现先降低后增长再降低的趋势。总体而言，近10年，波兰谷物总产量总体保持在2900万～3200万吨。

波兰主要农作物的播种面积基本保持在760万公顷，占全国农业用地面积的39.94%。主要种植有小麦、黑麦、大麦、燕麦、黑小麦、马铃薯、甜菜、油菜籽等作物。2010～2019年的播种面积、单产和产量等生产情况如表3所示。

表3 2010～2019年波兰主要农作物生产情况

作物	指标	2010年	2013年	2015年	2016年	2017年	2018年	2019年
小麦	种植面积(万公顷)	212.4	213.8	239.5	236.4	239.2	241.7	251.1
	单产(吨/公顷)	4.43	4.44	4.58	4.58	4.88	4.06	4.39
	产量(万吨)	940.81	948.52	1095.78	1082.79	1166.57	982	1101.2
黑麦	种植面积(万公顷)	106.0	117.3	72.5	77.5	87.3	89.4	90.4
	单产(吨/公顷)	2.69	2.86	2.78	2.84	3.06	2.42	2.72
	产量(万吨)	285.17	335.93	201.31	219.96	267.36	216.7	246.1
大麦	种植面积(万公顷)	97.1	82.0	83.9	91.5	95.4	97.6	97.6
	单产(吨/公顷)	3.5	3.58	3.53	3.76	3.98	3.12	3.46
	产量(万吨)	339.72	293.36	296.07	344.11	379.3	304.8	337.4
燕麦	种植面积(万公顷)	57.4	43.4	46.1	47.2	49.2	49.7	49.5
	单产(吨/公顷)	2.64	2.74	2.65	2.88	2.98	2.35	2.49
	产量(万吨)	151.65	119	121.96	135.81	146.46	116.6	123.3
黑小麦	种植面积(万公顷)	132.5	117.7	151.6	137.4	135.2	128.8	131.5
	单产(吨/公顷)	3.45	3.63	3.52	3.71	3.93	3.17	3.49
	产量(万吨)	457.58	427.3	533.94	510.24	531.21	408.6	458.3
马铃薯	种植面积(万公顷)	37.5	33.7	29.2	30.1	32.1	29.1	30.3
	单产(吨/公顷)	21.8	21.1	21.1	28.7	27.9	25.1	21.4
	产量(万吨)	818.77	711.09	615.18	862.4	895.6	731.2	648.2
甜菜	种植面积(万公顷)	20.6	19.4	18.0	20.3	23.2	23.9	24.1
	单产(吨/公顷)	48.4	57.9	52	66.6	67.8	59.8	57.4
	产量(万吨)	997.26	1123.42	936.45	1352.38	1573.3	1430.3	1383.7
油菜籽	种植面积(万公顷)	94.5	92.1	94.7	82.3	91.4	84.5	87.5
	单产(吨/公顷)	2.36	2.91	2.85	2.7	2.95	2.61	2.71
	产量(万吨)	222.87	267.77	270.08	221.93	269.73	220.2	237.3

资料来源:波兰中央统计局,"Statistical Yearbook of Agriculture 2020",https://stat. gov. pl/en/topics/statistical – yearbooks/statistical – yearbooks/statistical – yearbook – of – agriculture – 2020,6,15. html。

通过对波兰主要农作物的种植面积进行分析,可以得知,2010～2019年,小麦、黑小麦的种植面积排在主要农作物种植面积的前两位,而黑麦、大麦、油菜籽的种植面积大体相当，种植面积相对较小的是马铃薯和甜菜。其中小麦的种植面积呈现稳步增长的态势，年均增长率为2.42%；黑麦、大麦、燕麦的种植面积呈现先下降后缓慢增长的态势；黑小麦的种植面积呈现先下降、后增长再缓慢下降的态势；而马铃薯、甜菜、油菜籽的种植面积则保持着基本稳定的发展态势。总的来说，波兰主要农作物的种植面积基本保持着稳定的发展态势。

通过对波兰主要农作物的单产量进行分析，可以得知，在近几年，甜菜是所有农作物中单产量最高的作物，并在2017年达到峰值，为67.8吨/公顷，其次为马铃薯，油菜籽、黑小麦、燕麦、大麦、黑麦、小麦等作物的单产量大体相当。总的来说，除2018年、2019年甜菜和马铃薯单产量略有小幅降低以外，波兰主要农作物的单产量大都保持着稳定增长的态势，其中甜菜的单产量保持着较高的水平。

通过对波兰主要农作物的产量进行分析，可以得知，产量最高的农作物是甜菜，排在第二、第三、第四位的分别是小麦、马铃薯、黑小麦，而黑麦和大麦的产量大体相当，油菜籽和燕麦的产量较低。总体而言，除马铃薯和甜菜在近两年产量有小幅下降以外，波兰主要农作物的产量都保持着稳步增长的态势，其中甜菜的产量增长最快。

波兰每年的蔬菜种植面积稳定在18万公顷，总产量保持在570万吨。品种主要包括卷心菜、洋葱、胡萝卜、甜菜根、黄瓜、番茄等。波兰2010～2019年主要的蔬菜栽培面积、单产量、产量等生产情况详见表4。通过对其数据进行分析，可以得知，洋葱栽培面积是所有蔬菜中最高的，胡萝卜和卷心菜栽培面积分列第二和第三位，且两者面积大体相当，黄瓜、甜菜根和番茄的栽培面积则排在较后位置，与洋葱、胡萝卜、卷心菜的栽培面积相比，明显要少很多，其中番茄栽培面积最小。卷心菜的单产量是所有蔬菜中最高的，排在第二、第三位的胡萝卜和甜菜根单产量大体相当，排在第四、第五位的番茄、洋葱单产量大体相当，黄瓜的单产量最低。在种植的蔬菜中，卷心菜的产量最高，胡萝卜、洋葱、甜菜根产量分列第二、第三、第四位。总体而言，近几年波兰主要蔬菜的栽培面积、单产量、总产量等基本保持稳定的发展态势。

表4　2010～2019年波兰主要蔬菜生产情况

蔬菜	指标	2010年	2013年	2015年	2016年	2017年	2018年	2019年
卷心菜	栽培面积(万公顷)	2.05	1.99	2.35	2.01	2.05	2.08	2.09
	单产(吨/公顷)	48.1	49	37.2	50.6	49.3	43.9	40
	产量(万吨)	98.6	97.5	87.5	101.8	101.0	91.3	83.7
洋葱	栽培面积(万公顷)	2.37	2.01	2.5	2.65	2.6	2.48	2.42
	单产(吨/公顷)	24.4	27.4	21.9	24.6	25.7	22.7	22.1
	产量(万吨)	57.8	55.1	54.8	65.1	66.7	56.3	53.5
胡萝卜	栽培面积(万公顷)	1.96	1.91	2.21	2.23	2.21	2.24	2.28
	单产(吨/公顷)	39	38.9	30.7	36.9	37.4	32.4	29.7
	产量(万吨)	76.5	74.3	67.8	82.2	82.7	72.6	67.8
甜菜根	栽培面积(万公顷)	0.81	0.86	1.09	0.99	1.0	1.02	1.04
	单产(吨/公顷)	35.8	34.7	27.2	34.4	33.6	29.2	27
	产量(万吨)	29.0	29.8	29.7	34.1	33.6	29.8	28.1
黄瓜	栽培面积(万公顷)	1.35	1.35	1.5	1.37	1.39	1.46	1.51
	单产(吨/公顷)	18.7	18.8	14.7	19.1	17.9	16.8	14.7
	产量(万吨)	25.3	25.4	22.1	26.1	24.9	24.5	22.2
番茄	栽培面积(万公顷)	0.83	0.95	1.06	0.91	0.93	0.97	1.01
	单产(吨/公顷)	27.1	28.4	22.3	28.6	27.4	26.1	23.9
	产量(万吨)	22.5	27.0	23.6	26.0	25.5	25.3	24.1

资料来源：波兰中央统计局，"Statistical Yearbook of Agriculture 2020"，https：//stat. gov. pl/en/topics/statistical – yearbooks/statistical – yearbooks/statistical – yearbook – of – agriculture – 2020，6，15. html。

波兰的水果种植面积约为39万公顷，产量约为500万吨。主要生产的水果有苹果、李子、梨、樱桃、草莓、山莓等。苹果为所有种植水果中产量和种植面积均排第一的水果。波兰为欧盟第一大苹果生产国，其产量超过欧盟总产量的20%。其他的水果还包括杏、桃子、核桃、苦莓、蓝莓等。2010～2019年波兰水果的生产情况详见表5。

表5 2010～2019 年波兰主要水果生产情况

单位：万公顷，万吨

水果	指标	2010 年	2013 年	2015 年	2016 年	2017 年	2018 年	2019 年
苹果	种植面积	17.0443	19.3439	18.0399	17.7203	17.6352	17.5431	17.6013
	产量	187.79	308.51	316.88	360.43	244.14	399.95	308.06
梨	种植面积	0.8377	1.0679	0.9219	0.7818	0.7751	0.7727	0.7605
	产量	4.65	7.57	6.96	8.15	5.51	9.09	6.76
李子	种植面积	1.7880	1.8203	1.3895	1.4506	1.4344	1.4370	1.4474
	产量	8.38	10.24	9.49	10.95	5.84	12.11	9.5
酸樱桃	种植面积	3.3019	3.3667	2.9587	2.9311	2.9453	2.9242	2.9409
	产量	14.72	18.82	17.94	19.48	7.16	20.06	15.19
甜樱桃	种植面积	1.2031	1.0879	0.9508	0.9632	0.9578	0.9813	0.9817
	产量	4.01	4.76	4.81	5.38	1.97	6.0	4.44
其他*	种植面积	3.4103	0.7361	0.6018	0.6226	0.6032	0.5927	0.5906
	产量	2.19	2.26	2.07	2.09	0.99	2.27	1.67
草莓	种植面积	3.7122	5.5020	5.2139	5.06	4.9642	4.8981	4.9706
	产量	15.34	19.26	20.49	19.7	17.79	19.56	17.7
山莓	种植面积	2.9556	2.8823	2.7375	2.9282	2.9317	2.9609	2.9522
	产量	9.29	12.1	7.99	12.91	10.45	11.56	7.57
黑加仑	种植面积	4.5224	4.5938	4.4373	4.4181	4.4041	4.3652	4.3350
	产量	19.67	19.85	15.99	16.61	12.88	16.46	12.62
醋栗	种植面积	0.3159	0.2661	0.2212	0.238	0.2334	0.2309	0.2276
	产量	1.42	1.5	1.21	1.25	0.95	1.15	0.96
其他**	种植面积	1.9188	1.8027	1.5518	2.1231	2.1673	2.4469	2.4986
	产量	6.89	7.97	6.15	7.44	7.44	9.03	8.78

注：*为杏、桃子和核桃，**为苦莓、蓝莓、榛子、葡萄和其他等。

资料来源：波兰中央统计局，"Statistical Yearbook of Agriculture 2020"，https：// stat. gov. pl/en/topics/statistical－yearbooks/statistical－yearbooks/statistical－yearbook－of－ agriculture－2020，6，15. html。

通过对波兰主要水果的种植面积进行分析，可以得知，苹果的种植面积是波兰所有水果种植面积中最大的，远高于其他水果，种植面

积排在第二、第三位的水果分别是草莓、黑加仑,其他的水果种植面积则较小。总体来看,近几年波兰主要水果的种植面积基本保持稳定。

2019 年,波兰水果种植面积为 39.3064 万公顷,其中苹果种植面积为 17.6013 万公顷,占水果种植总面积的 44.78%;草莓种植面积为 4.9706 万公顷,占水果种植总面积的 12.65%;黑加仑种植面积为 4.3350 万公顷,占水果种植总面积的 11.03%;酸樱桃种植面积为 2.9409 万公顷,占水果种植总面积的 7.48%;山莓种植面积为 2.9522 万公顷,占水果种植总面积的 7.51%;李子种植面积为 1.4474 万公顷,占水果种植总面积的 3.68%(见图 1)。由此可见,苹果在波兰水果产业中有着举足轻重的地位。

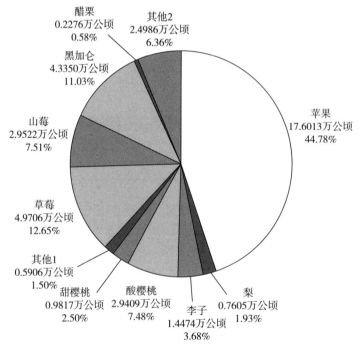

图 1 2019 年波兰水果种植面积占比情况

资料来源:波兰中央统计局,"Statistical Yearbook of Agriculture 2020",https://stat. gov. pl/en/topics/statistical – yearbooks/statistical – yearbooks/statistical – yearbook – of – agriculture – 2020,6,15. html。

（二）畜牧业

畜牧业在波兰农业中有着重要的地位，自 2004 年加入欧盟以来，呈现快速的发展态势。波兰畜牧业主要以猪、牛、羊等的养殖为主。2019 年，猪存栏量达到 1078.1 万头，居所有牲畜养殖数量的首位，占比高达 61.92%；家禽养殖主要包括鸡、鸭、鹅等，其中母鸡居家禽养殖数量的首位，2019 年饲养数量达到 17834.2 万只，占家禽总量的比例高达 88.71%。2010～2019 年波兰主要牲畜家禽养殖情况如表 6 所示。

表 6　2010～2019 年波兰主要牲畜家禽养殖数量

单位：万头，万只

名称	2010 年	2013 年	2015 年	2016 年	2017 年	2018 年	2019 年
牛	574.2	586	596.1	593.9	614.3	620.1	635.8
猪	1524.4	1116.3	1164	1086.5	1135.3	1182.8	1078.1
羊	26.1	25	22.8	23.9	26.1	27.7	27.3
母鸡	13095.9	11705.4	13598.8	13581.4	17671.1	18075.8	17834.2
鹅	146.3	131.4	121.3	85.9	95.3	102.6	106.1
鸭	267.2	259.3	340.1	367.3	360.4	512.5	570.4
火鸡	736.6	816.1	900.8	851.7	1084.6	1438.6	1593.9

资料来源：波兰中央统计局，"Statistical Yearbook of Agriculture 2020"，https：// stat. gov. pl/en/topics/statistical – yearbooks/statistical – yearbooks/statistical – yearbook – of – agriculture – 2020，6，15. html。

通过对表 6 的数据进行分析，可以发现，波兰畜牧业总体呈现稳定发展的态势。特别是在 2016～2019 年，除 2019 年猪、羊、母鸡数量有所下降以外，波兰主要牲畜家禽的饲养数量均实现了较快的增长。家禽饲养数量的年均增长率总体高于牲畜存栏量的年均增长率，

其中火鸡的年均增长率最高，其次为鸭和母鸡；而牲畜存栏量则保持小幅增长的态势，其中羊的年均增长率最高。

牛奶业是波兰的支柱产业。凭借良好的自然环境，波兰的有机牧场更加纯净，并且土壤肥沃，在此生长的苜蓿可为奶牛提供纯净无污染的草料。奶牛在这里自然生长，产出的牛奶品质更高。2010~2019年，波兰牛奶产量呈现快速发展的趋势。通过对波兰牛奶产量进行线性拟合，可以看出，波兰牛奶产量呈现直线增长的发展态势，牛奶业发展前景较好。2010~2019年波兰牛奶产量情况详见图2。

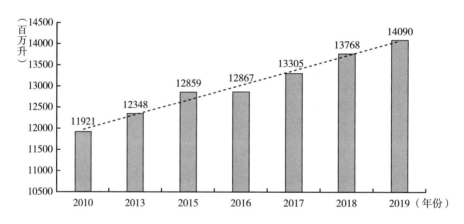

图2　2010~2019年波兰牛奶产量趋势图

资料来源：波兰中央统计局，"Statistical Yearbook of Agriculture 2020"，https：//stat. gov. pl/en/topics/statistical – yearbooks/statistical – yearbooks/statistical – yearbook – of – agriculture – 2020，6，15. html。

（三）渔业

波兰渔业发展潜力大。波兰境内大小河流纵横交错，湖泊星罗棋布，内河养殖潜力较大。2019年波兰海鱼捕获量20.88万吨，约占渔业总产量的78%；淡水鱼产量5.91万吨，约占渔业总产量的

22%。总的来说，波兰渔业呈现稳步小幅增长的发展态势。2010～2019 年波兰渔业产量如表 7 所示。

表 7　2010～2019 年波兰渔业产量

单位：万吨

种类	2010 年	2013 年	2015 年	2016 年	2017 年	2018 年	2019 年
海鱼	17.07	19.55	18.7	19.9	20.75	20.68	20.88
鳕鱼	1.65	1.96	2.12	1.63	2.73	2.42	4.43
鲱鱼	2.47	2.36	3.97	4.41	4.3	5.29	4.34
黍鲱	5.88	8.1	6.42	6.01	7	7.6	7.66
淡水鱼	4.51	4.98	4.94	5.23	5.33	4.87	5.91

资料来源：波兰中央统计局，"Statistical Yearbook of Agriculture 2020"，https://stat. gov. pl/en/topics/statistical – yearbooks/statistical – yearbooks/statistical – yearbook – of – agriculture – 2020，6，15. html。

波兰渔业以海鱼捕捞为主，海鱼主要包括鳕鱼、鲱鱼、黍鲱等，其中黍鲱产量最大。2019 年，鳕鱼产量为 4.43 万吨，占比 21.22%；鲱鱼产量为 4.34 万吨，占比 20.79%；黍鲱产量为 7.66 万吨，占比 36.69%，其他海鱼产量为 4.45 万吨，占比 21.3%。鳕鱼、鲱鱼、黍鲱 3 种鱼类占海鱼总产量的比例高达 78.7%。

波兰水域面积约为 60 万公顷，其中 80% 可以进行渔业养殖。波兰养殖的淡水鱼种类繁多，主要有比目鱼、鲤鱼和鲑鱼等。通过对淡水鱼产量进行分析，可以得知，在 2010～2017 年，总体保持着稳定增长的态势。2018 年，波兰淡水鱼产量为 4.87 万吨，较 2017 年有了明显的下降，降幅为 8.63%。2019 年，波兰淡水鱼产量为 5.91 万吨，较 2018 年有了明显的增长，增幅为 21.36%。总的来看，波兰淡水鱼的产量稳中有升。

（四）林业

波兰林业资源丰富，林地面积共计946.26万公顷，约占波兰国土面积的30%。主要的森林区集中在北部的图霍拉森林、诺特茨森林、皮斯森林，西部的下西里西亚密林，以及南部的苏台德山林和西南部的喀尔巴阡山林。[①] 波兰森林地区拥有丰富的野生动植物资源，波兰境内65%的物种集中在森林地区。虽然波兰森林分布不均衡，但各地区森林覆盖率都超过20%。2020年波兰各地区森林覆盖率达30%，预计到2050年森林覆盖率将提升至33%。

公共林在波兰森林结构中占有重要地位。2019年，波兰森林面积达925.89万公顷，其中公共林占比达80.7%。公共林中国有林占主体地位，面积为736.65万公顷，其占森林总面积的比例高达79.56%。在国有林中，超过96%的森林由国有森林公司经营。波兰森林以国有林为主，至今波兰仍保留着以国有林为主的林业管理体制。2010~2019年波兰森林所有制结构详细信息如表8所示。

表8　2010~2019年波兰森林所有制结构

单位：万公顷，%

	2010年		2015年		2017年	
	面积	占比	面积	占比	面积	占比
森林	912.13	100	921.49	100	924.24	100
公共林	743.56	81.52	744.98	80.85	746.01	80.72
国有林	735.19	80.60	734.47	79.70	735.48	79.58
国有森林公司	707.24	77.54	709.96	77.04	711	76.93
国家公园	18.37	2.01	18.53	2.01	18.56	2.01

① 波兰共和国环境部：《波兰森林资源状况》，2020年3月20日，http：//china – ceec. forestry. gov. cn/sites/ceec/ceec/country/poland. html。

续表

	2010 年		2015 年		2017 年	
	面积	占比	面积	占比	面积	占比
私有林	168.57	18.48	176.51	19.15	178.23	19.28
自然人所有	158.69	17.40	166.11	18.03	167.65	18.14
土地公司所有	6.7	0.73	6.48	0.70	6.44	0.70

	2018 年		2019 年	
	面积	占比	面积	占比
森林	925.50	100	925.89	100
公共林	746.66	80.68	747.2	80.70
国有林	736.1	79.54	736.65	79.56
国有森林公司	711.46	76.87	711.83	76.88
国家公园	18.57	2.01	18.44	1.99
私有林	178.84	19.32	178.69	19.30
自然人所有	168.27	18.18	168.09	18.15
土地公司所有	6.52	0.70	6.48	0.70

资料来源：波兰中央统计局，"Statistical Yearbook of The Republic of Poland 2020"，https：//stat.gov.pl/en/topics/statistical – yearbooks/statistical – yearbooks/statistical – yearbook – of – the – republic – of – poland – 2020，2，22.html。

　　波兰森林的平均立木蓄积量高达 219 立方米/公顷，为中国森林平均立木蓄积量的 3 倍，国有森林公司管理的森林的平均立木蓄积量为 288 立方米/公顷。波兰政府为木材的采伐利用制定了严格的制度和规划。2018 年波兰商业木材采伐量为 4393.2 万立方米。从森林产权性质来看，从国有森林公司林区采伐 4163.3 万立方米，从国家公园采伐 18.6 万立方米，从私营森林采伐 10.23 万立方米，人均采伐量为 1.14 立方米；从采伐树木类型来看，采伐针叶林 3435.2 万立方米，采伐阔叶林 958 万立方米。

二 波兰农产品国际贸易

（一）波兰农产品贸易概况

从波兰中央统计局公布的数据可知，2010～2019年，波兰农产品贸易一直保持着顺差的态势，且贸易顺差有不断扩大的趋势，并在2019年达到最大值，实现贸易顺差99.26亿欧元。2019年，波兰农产品进出口贸易总额达501.46亿欧元，同比增长7.67%。其中进口201.10亿欧元，同比增长7.28%；出口300.36亿欧元，同比增长7.94%。从图3可知，总的来看，波兰农产品进出口额均保持着快速增长的发展态势，出口增长率明显高于进口增长率。按照目前的发展趋势，波兰农产品的出口额将继续保持一定速度的增长，波兰农产品出口具有较好的发展前景。

（二）波兰农产品[①]进出口国别分析

欧盟是波兰最主要的农产品贸易伙伴。2019年，波兰农产品（食品和活体动物）出口总额为255.42亿欧元，其中出口到欧盟国家的占比高达80.56%。从波兰农产品出口国别来看，德国是波兰最大的出口国，出口额达61.42亿欧元，占波兰农产品出口欧盟总额的29.85%，占波兰农产品（食品和活体动物）出口总额的24.05%。其次分别为英国、法国、荷兰、捷克、意大利等，出口额分别为24.75亿欧元、14.23亿欧元、13.82亿欧元、12.30亿欧元、12.02亿欧元，分别占波兰农产品（食品和活体动物）出口总额的9.69%、5.57%、5.41%、4.82%、4.70%。波兰农产品其他

---

① 《波兰农业统计年鉴》中，分国别进出口数据统计的对象为"食品和活体动物"。

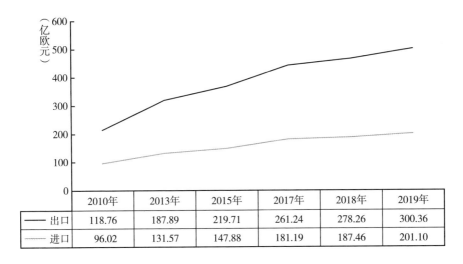

	2010年	2013年	2015年	2017年	2018年	2019年
出口	118.76	187.89	219.71	261.24	278.26	300.36
进口	96.02	131.57	147.88	181.19	187.46	201.10

图3 2010～2019年波兰农产品进出口情况

资料来源：波兰中央统计局，"Statistical Yearbook of Agriculture 2020"，https：//stat. gov. pl/en/topics/statistical – yearbooks/statistical – yearbooks/statistical – yearbook – of – agriculture – 2020，6，15. html。

出口国，如罗马尼亚、斯洛伐克、匈牙利、西班牙等则占比较小。具体情况详见图4。

从波兰农产品进口国别来看，2019 年，波兰农产品（食品和活体动物）进口总额为168.98 亿欧元，德国是波兰农产品（食品和活体动物）的最大进口国，进口额达 36.70 亿欧元，占波兰农产品（食品和活体动物）进口总额的 21.72%，占从欧盟进口农产品总额的 30.98%。其次分别为荷兰、西班牙、挪威、丹麦、意大利、比利时等国家，进口额分别是 11.96 亿欧元、11.46 亿欧元、10.60 亿欧元、8.78 亿欧元、7.47 亿欧元、7.09 亿欧元，分别占波兰农产品（食品和活体动物）进口总额的 7.08%、6.78%、6.27%、5.19%、4.42%、4.19%。其他进口国家，如法国、英国、捷克、乌克兰、匈牙利、立陶宛、斯洛伐克、瑞典、奥地利、俄罗斯等则占比较小（见图5）。

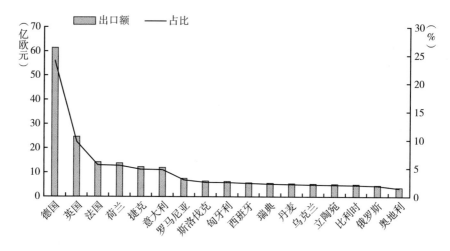

图 4　2019 年波兰农产品（食品和活体动物）主要出口国、金额、
占比情况（排名前 17 位）

资料来源：波兰中央统计局，"Statistical Yearbook of Agriculture 2020"，
https：//stat. gov. pl/en/topics/statistical – yearbooks/statistical – yearbooks/statistical –
yearbook – of – agriculture – 2020，6，15. html。

（三）波兰农产品进出口结构分析

波兰农产品出口主要集中在种植业产品、畜牧业产品、预制食品
三大类，其出口额占波兰农产品出口总额的 98.52%。

在种植业产品出口方面，2019 年出口总额共计 46.03 亿欧元。其中
树木和其他植物出口 2.14 亿欧元，占种植业产品出口总额的 4.65%；蔬
菜出口 11.81 亿欧元，占比为 25.66%；水果和坚果出口 11.01 亿欧元，
占比为 23.92%；谷物出口 7.99 亿欧元，占比 17.36%；咖啡、茶、香料
出口 5.61 亿欧元，占比为 12.19%；麦芽、淀粉等出口 2.89 亿欧元，占
比为 6.28%；油料种子、杂粮、工业或药用植物等出口 4.25 亿欧元，占
比为 9.23%。具体情况如表 9 所示。在种植业产品的出口数量方面，新
鲜水果和干果数量最大，达 128.46 万吨，其次为新鲜和冷藏蔬菜、冷冻
蔬菜、冷冻水果，出口数量分别为 70.37 万吨、44.8 万吨、35.85 万吨。

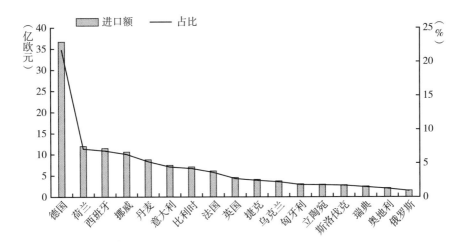

**图 5　2019 年波兰农产品（食品和活体动物）主要进口国、
金额、占比情况（排名前 17 位）**

资料来源：波兰中央统计局，"Statistical Yearbook of Agriculture 2020"，
https：//stat. gov. pl/en/topics/statistical – yearbooks/statistical – yearbooks/statistical –
yearbook – of – agriculture – 2020，6，15. html。

表 9　2019 年波兰主要种植业产品出口额、占比基本情况

单位：亿欧元，%

主要出口类别	出口额	占比
树木和其他植物	2. 14	4. 65
蔬菜	11. 81	25. 66
水果和坚果	11. 01	23. 92
谷物	7. 99	17. 36
咖啡、茶、香料	5. 61	12. 19
麦芽、淀粉等	2. 89	6. 28
油料种子、杂粮、工业或药用植物等	4. 25	9. 23

资料来源：波兰中央统计局，"Statistical Yearbook of Agriculture 2020"，https：//
stat. gov. pl/en/topics/statistical – yearbooks/statistical – yearbooks/statistical – yearbook – of –
agriculture – 2020，6，15. html。

在畜牧业产品出口方面，2019 年出口总额共计 94.50 亿欧元，同比增长 17.33%。其中活体动物出口 1.43 亿欧元，占波兰畜牧业产品出口总额的 1.51%；肉和食用杂碎出口 50.15 亿欧元，占比为 53.07%；鱼和其他水生无脊椎动物出口 17.81 亿欧元，占比为 18.85%；乳制品、鸟蛋、天然蜂蜜、食用动物产品出口 23.76 亿欧元，占比为 25.14%。具体情况如表 10 所示。从畜牧业产品的出口数量来看，出口牛、羊、马、驴、骡等活体动物共计 8.53 万头，出口新鲜、冷藏、冷冻的肉共计 231.27 万吨，出口加工肉制品 38.78 万吨，出口牛奶和奶油 99.19 万吨，出口奶油和凝乳 25.85 万吨。

表 10 　2019 年波兰主要畜牧业产品出口额、占比基本情况

单位：亿欧元，%

主要出口类别	出口额	占比
活体动物	1.43	1.51
肉和食用杂碎	50.15	53.07
鱼和其他水生无脊椎动物	17.81	18.85
乳制品、鸟蛋、天然蜂蜜、食用动物产品	23.76	25.14

资料来源：波兰中央统计局，"Statistical Yearbook of Agriculture 2020"，https：//stat. gov. pl/en/topics/statistical – yearbooks/statistical – yearbooks/statistical – yearbook – of – agriculture – 2020，6，15. html。

在预制食品出口方面，2019 年出口总额共计 159.36 亿欧元。其中糖和糖食出口 6.75 亿欧元，占整个预制品出口总额的 4.24%；可可和可可食品出口 16.66 亿欧元，占比为 10.45%；谷物、面粉、淀粉和牛奶制剂出口 26.59 亿欧元，占比为 16.69%；蔬菜、水果、坚果制剂出口 13.3 亿欧元，占比为 8.35%；饮料、烈酒和醋出口 9.94 亿欧元，占比为 6.24%；烟草和人造烟草替代品出口 35.44 亿欧元，

占比为 22.24%；肉、鱼、甲壳类、软体动物和其他水生无脊椎动物制剂出口 17.2 亿欧元，占比为 10.79%（见表 11）。

表 11　2019 年波兰主要预制食品出口额、占比基本情况

单位：亿欧元，%

主要出口类别	出口额	占比
糖和糖食	6.75	4.24
可可和可可食品	16.66	10.45
谷物、面粉、淀粉和牛奶制剂	26.59	16.69
蔬菜、水果、坚果制剂	13.3	8.35
饮料、烈酒和醋	9.94	6.24
烟草和人造烟草替代品	35.44	22.24
肉、鱼、甲壳类、软体动物和其他水生无脊椎动物制剂	17.2	10.79

资料来源：波兰中央统计局，"Statistical Yearbook of Agriculture 2020"，https：//stat. gov. pl/en/topics/statistical－yearbooks/statistical－yearbooks/statistical－yearbook－of－agriculture－2020，6，15. html。

波兰农产品的进口，主要集中在水果和坚果、鱼、肉、预制食品等方面。2019 年上述类别农产品进口额分别为 18.12 亿欧元、19.36 亿欧元、17.44 亿欧元、78.84 亿欧元。其中预制食品为波兰主要的进口农产品，主要包括糖、可可、淀粉制剂、水果制剂、烟草等。波兰本身是欧洲农业大国，故农业对外依存度较低。

（四）中波农产品贸易概况

波兰是中国在中东欧地区最大的贸易伙伴，中国是波兰在亚洲地区最大的贸易伙伴。2016 年，中国和波兰双方签订了贸易协定。根据联合国商品贸易数据库发布的数据，2019 年中波双边贸易总额为 331 亿美元，其中中国对波兰出口 304 亿美元，从波兰进口 27 亿

美元。中波农产品贸易总额为 6.76 亿美元，同比增长 12.67%。其中中国向波兰出口 4.56 亿美元，同比增长 1.56%；波兰向中国出口 2.2 亿美元，同比增长 45.03%。总的来说，中波双边贸易强度不大，互补性较强。随着"17 + 1"机制的不断推进，中波双边贸易额未来还有进一步提升的空间。

中国向波兰出口的农产品主要包括鱼、甲壳动物、软体动物及其他水生无脊椎动物，其他动物产品等，出口金额分别为 1.35 亿美元、0.67 亿美元，占比分别为 29.6%、14.69%（见表 12）。

表 12 2019 年中国向波兰出口的主要农产品金额、占比情况

单位：亿美元，%

主要出口类别	出口额	占比
鱼、甲壳动物、软体动物及其他水生无脊椎动物	1.35	29.6
其他动物产品	0.67	14.69
烟草、烟草及烟草代用品的制品	0.32	7.02
食品工业残渣废料、动物饲料	0.30	6.58
咖啡、茶、马黛茶及调味香料	0.27	5.92
食用蔬菜、根及块茎	0.27	5.92
虫胶、树胶、树脂及其他植物液、汁	0.26	5.7
混杂的可食用原料	0.23	5.04

资料来源：联合国商品贸易数据库，https：//comtrade. un. org/data/。

波兰向中国出口的农产品主要包括乳品、蛋品、天然蜂蜜、其他食用动物产品，肉及食用杂碎，以及谷物、粮食粉、淀粉等。上述产品出口额分别为 0.89 亿美元、0.55 亿美元、0.3 亿美元，占比分别为 40.45%、25%、13.64%。具体情况详见表 13。

表 13　2019 波兰向中国出口的主要农产品金额、占比情况

单位：亿美元，%

类别	出口额	占比
乳品、蛋品、天然蜂蜜、其他食用动物产品	0.89	40.45
肉及食用杂碎	0.55	25
谷物、粮食粉、淀粉等	0.3	13.64
其他动物产品	0.13	5.91
活动物	0.12	5.45
糖及糖食	0.07	3.18

资料来源：联合国商品贸易数据库，https：//comtrade. un. org/data/。

三　展望

农业是波兰经济的重要组成部分，波兰政府将农业作为推动经济发展的着力点和突破口，采取了一系列的扶持政策。一是政府通过健全市场，为农户提供技术培训、农业机械设备等，积极支持发展农产品深加工和其他为农业服务的产业。二是对农业实行补贴制度。补贴制度的内容主要体现在对种养业等农产品价格的保护以及对农村基础设施、生产条件改善、青年农民培训等提供补贴。三是对农业实行贷款贴息等支持。除此之外，2017 年 1 月，波兰实施农业税费改革，施行《简化农产品直销法》《波兰产品标志法》两部农业法案，切实减轻了农民税费负担，提高了农民收入和农产品的竞争力。为打造既富有传统又具备现代化竞争力的新农业，波兰政府制定农业平衡发展计划，内容涵盖农业发展、农民子女教育以及农村文化生活等多个领域，通过实施一系列加强农村发展的计划措施，不断夯实农业农村现代化发展基础，推动农业由大变强。

由于波兰的耕地主要以私人或家庭农场经营为主，大多是面积小于5公顷的小型农场，绝大多数实行小规模经营，这种小规模生产格局，不利于大规模机械化的耕种，也不利于生产效率的提高。但正是这种小规模家庭农场经营模式成为波兰发展有机农业的优势所在，这也正是波兰农业竞争力的体现。近年来，波兰政府将有机农业的发展作为促进经济社会可持续发展的重要举措，通过发展有机农业来破解食品安全、提高农产品竞争力、保护生态环境以及促进农业可持续发展等一系列难题，且已成为波兰政府和民众的普遍共识。出于对健康、环保等因素的考虑，波兰民众对有机食品的需求日益增长，有机食品市场需求规模也不断增大，未来波兰发展有机农产品的潜力巨大。

波兰是欧洲传统的农业大国，农业发展有着良好的基础和前景。特别是波兰出产的苹果、奶制品、黑麦等产品在欧盟及世界范围内均有较强的竞争力和优势。未来波兰农业将继续保持稳定增长的发展态势，特别是在农产品国际贸易方面还有很大的发展潜力和空间。近十年来，波兰农产品贸易一直保持着顺差的态势，欧盟是波兰农产品贸易的第一大合作伙伴，波兰出口到欧盟的农产品占总出口的比重超过80%。近两年来，波兰向欧盟以外市场出口农产品出现了一定的增长，比如对尼日利亚、南非、澳大利亚等。随着波兰农业发展政策的有效实施以及有机农业的快速发展，未来波兰农产品竞争力将持续增强，农业将继续保持稳定的发展态势。

2016年，中波两国共同签署了"一带一路"合作谅解备忘录，中波关系提升为全面战略伙伴关系，目前95%的中欧班列途经波兰，便捷的交通将中波两国紧密地联系在一起，双方加强战略对接及合作，经贸往来不断深化。波兰已成为中国在中东欧地区最大的贸易伙伴，中国已成为波兰在亚洲地区最大的贸易伙伴。波兰苹果于2016年首次登陆中国市场，随着"一带一路"倡议、

"17 + 1"合作机制的深入推进，未来中国和波兰交流互动将更加频繁，双方在农业贸易投资、农业科技合作、人员交流与经验互鉴等方面有望进一步加强合作，不断提升双边农业合作水平，促进中波经贸合作。

B.10
波兰铁路交通基础设施发展
现状及前景评估

雷洋 黄承锋*

摘 要： 波兰是欧盟重要的铁路交通枢纽，铁路网络较为发达。
在"一带一路"倡议和欧盟"欧亚互联互通战略"对接
实施中，波兰有望在中国和欧盟进行交通基础设施合
作、实现高质量的欧亚互联互通中扮演中介和关键角
色。波兰现存铁路网严重老化，难以满足经济发展和吸
引外商投资的需要，整个铁路系统面临升级改造和维
护压力。在欧盟的支持下，波兰对铁路基础设施的投资
力度不断加大，波兰铁路工程建设市场存在较大发展
空间和机遇。由于标准、法律和文化等方面的差异，以
及原有市场竞争格局的存在，中资企业进入波兰铁路
建设市场也存在明显的障碍和约束。

关键词： 波兰 铁路建设 欧亚互联互通

波兰北部濒临波罗的海，西部与德国接壤，南部与捷克和斯洛伐

---

* 雷洋，博士，重庆交通大学副教授、欧洲研究中心经贸所所长，研究方向为国际
运输通道；黄承锋，重庆交通大学教授，博士生导师，研究方向为交通发展战略
管理。

克为邻，东部与立陶宛、白俄罗斯、乌克兰等国相连。随着波兰政府对基础设施的投入力度不断加大，波兰国内交通运输系统硬件设施和服务能力等得到显著改善，波兰已经逐渐成为连接东欧和西欧的"桥梁"。加强基础设施建设领域的国际合作，推进亚欧大陆实现高水平互联互通是"一带一路"倡议框架下的重要内容。在"一带一路"倡议和"17 + 1"合作机制框架下，中国和波兰在交通基础设施建设和国际运输方面的合作成果显著。波兰是中国陆上铁路货物运输通往欧盟的"门户"，成为支撑中欧班列运营的重要枢纽，中欧班列也为波兰带来重大的发展机遇和资源。目前国内学者对波兰的研究多集中在政治、文化、贸易和农业等方面，也有一些学者对波兰的交通枢纽地位进行了初步描述，[1] 但对波兰铁路基础设施现状、铁路建设需求以及发展战略深入分析的文章相对较少。本报告将利用波兰最新官方统计数据和交通基础设施领域的发展规划，分析波兰铁路交通基础设施发展现状及潜力，拓展对波兰的国别和区域研究。同时，本报告还将基于对波兰铁路工程建设需求的分析，评估波兰铁路基础设施未来的发展前景，分析中国工程建设企业参与波兰铁路工程建设的机遇和挑战，为中国工程建设企业实施"走出去"战略提供研究参考。

一 波兰铁路交通运输现状

目前，波兰境内主要城市之间都已经实现铁路连通，大多数城市主要火车站都位于市中心附近，并且与当地的交通系统相连接。2018年波兰铁路线路总长 19235 公里，其中电气化铁路长度为 11894 公

---

① 王楠楠：《波兰：连接东西欧的交通运输中心》，《交通建设与管理》2015 年第 21 期。

里，单轨铁路长度为 10501 公里。据此测算，波兰的铁路网密度为每百平方公里 6.2 公里（高于欧盟整体平均水平），铁路电气化率为62%，复线率 45%。从波兰国内区域视角看，波兰西部和北部的铁路网密度要显著高于东部地区。

波兰国家铁路总公司（PKP）是波兰最主要的铁路运营企业，也是中东欧地区最大的铁路货运公司和欧盟第二大货运公司，PKP 经营管理的铁路长度为 18536 公里（占波兰铁路总里程的 96.37%）。[①]波兰 1922 年加入国际铁路联盟（UIC）。除全长 400 公里的宽轨冶金铁路线和个别边境铁路段为宽轨外，波兰铁路线路主要采用标准轨距（1435 毫米）。现有铁路中绝大部分建于二战前，成网年代久远，波兰现存铁路网技术严重退化，整个铁路系统面临升级改造和维护压力。

与欧盟老成员国相比，波兰国内铁路系统技术等级和服务水平相对落后，在满足国民经济发展和吸引外资需求方面存在不足，铁路运输系统存在提档升级的经济层面的动力。波兰是中东欧地区经济转轨较为成功的国家，2004 年加入欧盟后，经济保持了持续增长态势，国家经济实力增强，同时政治形势稳定，这为波兰进行大规模国家铁路网改造提供了基础和条件。[②]

2014～2023 年波兰政府计划对铁路投资超过 156 亿欧元，2016年波兰国家铁路线路公司对铁路投资达 370 亿兹罗提，是 2014 年和2015 年投资总额的 7 倍。[③] 欧盟为帮助波兰改善铁路网和机车的运营

① PKP, "Annual Report PKP Polskie Linie Kolejowe S. A. for 2018", https：//en. plk - sa. pl/files/public/raport_ roczny/Raport_ roczny_ za_ 2018_ marzec_ ang. pdf，访问时间：2020 年 3 月 25 日。

② 彭凤元：《波兰铁路机车市场开拓前瞻》，《俄罗斯中亚东欧市场》2013 年第 5 期。

③ 《波兰下议院批准波兰铁路投资计划》，中华人民共和国驻波兰共和国大使馆经济商务参赞处，2018 年 4 月 16 日，http：// pl. mofcom. gov. cn/article/jmxw/ 201804/201804 02732771. shtml。

状况，提供大量融资支持。2007～2013年，欧盟对波兰发展援助的力度较大，其中用于支持波兰开展基础设施建设的资金高达194亿欧元。截至2014年6月，欧洲投资银行已为波兰的铁路现代化项目提供了总计19亿欧元的贷款。[1] 2017年11月16日，欧洲投资银行与波兰政府签署协议，向波兰2016～2023年铁路升级改造项目（总投资13亿欧元）提供资金6.5亿欧元。

得益于波兰政府和欧盟的持续投资，波兰铁路网技术状态得到改善，波兰铁路运输量下降趋势得到一定程度的缓解。波兰中央统计局2020年12月31日发布的《波兰统计年鉴2020》显示，2019年波兰铁路输送旅客3.353亿人次，占全部客运量的48.8%，比2010年提高17.6个百分点。2019年波兰铁路货运量为23374万吨，其中，煤炭、原油和天然气等货物占比为38.92%，金属矿石及其他采矿等货物占比为26.88%，焦炭和精炼石油货物占比为11.82%，化学、橡胶和塑料产品货物占比为4.28%，农林渔业货物占比为1.23%。[2]

二　波兰铁路交通基础设施发展的前景

波兰国家铁路总公司2021年2月发布的年度报告显示，波兰国铁经营的整个铁路网中，只有65.05%的线路处于性能"良好状态"，21.85%的线路需要通过适当的限速、维护、更换部件等方式才能达到"满足要求状态"，13.10%的线路处于"不满意状态"（需要明显降低速度、载荷等运行参数）。波兰铁路实际运行速度存

① Polish Investment and Trade Agency, "Transport", https://www.paih.gov.pl/poland_in_figures/transport, 访问时间：2020年3月20日。

② Statistics Poland, "Statistical Yearbook of the Republic of Poland 2020", December 2020, https://stat.gov.pl/en/topics/statistical–yearbooks/statistical–yearbooks/statistical–yearbook–of–the–republic–of–poland–2020, 2, 22.html.

在较大差距，达到"高铁"水平（200 公里/时）的铁路占比仅为 1%，运行速度为 120～160 公里/时的铁路占 27.26%，34.78% 的铁路运行速度在 80～120 公里/时，4.43% 的铁路运行速度在 40 公里/时以下。[①] 由此可以看出，波兰铁路运输系统仍然存在较大提升空间（见图 1）。

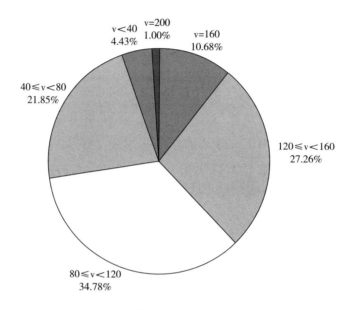

图 1　2018/2019 年度波兰国家铁路总公司运营的不同时速线路分布情况

资料来源：Annual Report PKP Polskie Linie Kolejowe S. A. for 2019。

从国际铁路运输角度看，波兰铁路具有良好的优势和发展前景。1990 年欧盟提出泛欧交通网（Trans-European Transport Networks）概念，此后泛欧铁路网不断完善。2014 年 9 月，欧盟委员会公开发布《欧盟交通基础设施新政策备忘录》，该备忘录重点规划欧盟境内九条干线走廊，北海至波罗的海铁路走廊（North Sea-Baltic）和波罗的

---

① PKA, "Annual Report 2019", https：//en. plk － sa. pl/files/public/raport _ roczny/raport_ roczny_ 2019_ ANG. pdf，访问时间：2021 年 4 月 12 日。

海至亚得里亚海铁路走廊（Baltic to Adriatic）在波兰境内交会，使波兰成为东欧和西欧、北欧和南欧交通连接十字枢纽。得益于其在北部和南部以及东部和西部沿主要欧洲运输走廊的交叉口的战略位置，以及不断完善的运输基础设施，波兰一直强调其在欧洲物流地图上的强势地位。波兰计划沿着泛欧交通网建立多个多式联运物流枢纽，力求在欧亚国际运输中发挥重要作用。

2020年1月欧盟批准1.28亿欧元预算，支持波兰铁路线现代化改造，主要用于Warka-Radom铁路线改造项目。该线路全长43公里，位于波兰马佐夫舍省南部，是泛欧交通网的一部分。此线路改造将耗资近8.26亿兹罗提（约合1.944亿欧元），其中4.76亿兹罗提（约合1.12亿欧元）来自欧盟资金。[1]

波兰作为标准轨距铁路网与宽轨轨距铁路网的交接地带，在欧亚东西方向上的国际货物运输中发挥着重要的枢纽和中转站的作用。PKP称，东西走向的"新丝绸之路"的货运是波兰铁路系统优先发展方向。[2] 位于波兰东部的边境小镇马拉舍维奇，其拥有的宽轨铁路线路与白俄罗斯铁路网相连，是波兰境内最大的铁路集装箱中转站，得益于其地理区位和受交通线路在此交会的影响，95%的中欧班列集装箱在此转运。由于中欧班列的快速增长，波兰铁路的过境运输量快速增长，马拉舍维奇的铁路运输基础设施和运输组织都面临进一步优化的压力。为了应对欧洲和亚洲之间不断增长的铁路货运量，波兰正积极改善马拉舍维奇的铁路过境基础设施和换装设备。PKP与PKPPLK计

---

① 《波兰铁路现代化改造获欧盟资金支持》，中华人民共和国驻波兰共和国大使馆经济商务参赞处，2020年1月15日，http://pl.mofcom.gov.cn/article/jmxw/202001/20200102930406.shtml。

② Majorie van Leijen, "New Silk Road Is a Priority for Poland", September 2018, https://www.railfreight.com/beltandroad/2018/09/20/pkp-cargo-new-silk-road-is-a-priority-for-poland/.

划投资 5 亿欧元，以提高马拉舍维奇装卸设施的运营能力，到 2026 年，马拉舍维奇的集装箱存储容量将从目前的 250 万个标准箱增加到超过 1500 万个标准箱。①

波兰位于欧洲"心脏"的地理区位，决定了其还可以在欧洲南北方向上的国际铁路货运中发挥重要作用。早在公元前 16 世纪，波兰古代商贸线路"琥珀之路"就在北欧和南欧贸易中发挥了运输功能。波罗的海至亚得里亚海铁路走廊与"琥珀之路"走向一致。由于该条走廊需要穿越阿尔卑斯山，位于奥地利 Koralm 的隧道是关键控制性工程。该工程全长 32.9 公里，埋深 1250 米，整体预算高达 50 亿欧元，施工难度较大，已于 2008 年动工，预计 2026 年投入使用。②对波罗的海至亚得里亚海铁路走廊的投资和其运能的提升为波兰铁路带来良好的发展前景。

三 波兰铁路工程建设市场的未来机遇

由于波兰经济增长势头强劲，波兰逐渐成为欧洲新的经济增长引擎。而对铁路的投资和其发展有效地支持了波兰经济的增长。为了对庞大的铁路网和基础设施升级改造，恢复铁路活力，波兰也在不断加大对铁路的投资。波兰《2020 年交通发展战略及 2030 年展望》显示，到 2030 年，波兰将完成大部分铁路系统现代化改造，连接泛欧交通网的车辆最低时速达到 100 公里；恢复并扩建城市铁路，促进城市铁路与公路系统相融合；新建并扩建一批铁路联运集装箱码头，同

① Mykola Zasiadko，"Poland Improves Rail Infrastructure Near Małaszewicze"，May 2019，https：//www. railfreight. com/specials/2019/05/21/poland – improves – rail – infrastructure – near – malaszewicze/.

② "Eröffnung der Koralmbahnverzögertsich bis 2026"，March 2018，https：// steiermark. orf. at/v2/news/stories/2902798/.

时，为配合中央交通港大型机场计划，波兰计划投资建设连接华沙、罗兹、波兹南/弗罗茨瓦夫等主要城市的高速铁路。[①] 2019 年 5 月 30 日，波兰基础设施部高级官员在第十届国际基础设施投资与建设高峰论坛上表示，波兰未来将对 9000 公里的铁路进行升级改造，预计投资规模达 320 亿欧元。[②] 从上述分析可以看出，波兰未来铁路建设存在较大的市场空间。

总体上看，在共建"一带一路"的众多国家中，波兰市场机制较为健全，营商环境排名相对靠前，经济对外开放程度相对较高，是中东欧地区外商投资热点国家。从外商投资和市场环境方面看，波兰具有较强的吸引力。波兰加入北约和欧盟后，国内安全稳定，经济快速增长，这些因素使波兰成为外国投资者可信赖的重要商业伙伴。波兰也拥有受过良好教育的劳动力资源和庞大的国内市场，2018 年波兰平均 1 小时的劳动力成本仅为欧盟平均水平的 1/3，[③] 劳动力成本具有比较优势。世界银行《全球营商环境报告 2020》排名中，波兰得分为 76.4 分，在 190 个国家中排第 40 位；在 FDI INTELLIGENCE 排名中，波兰首都华沙在欧洲商业友好型城市中排名第三，领先柏林、斯德哥尔摩、哥本哈根等欧洲大都市。波兰为外国投资者还提供了一系列有吸引力的投资激励措施。波兰政府 2018 年推出了《新投资支持法》，新法规定，几乎整个波兰将作为一个单一投资区，公司可以在该投资区中以公司所得税（CIT）或个人所得税（PIT）豁免

---

① 《对外投资合作国别（地区）指南——波兰（2020）》，商务部国际贸易经济合作研究院，http：//www.mofcom.gov.cn/dl/gbdqzn/upload/bolan.pdf。

② 裴昱：《波兰铁路交通司副司长：将对赴波投资铁路项目支付 20% 的项目预付款》，中国经营网，2019 年 6 月 2 日，http：//www.cb.com.cn/index/show/zj/cv/cv13450721262。

③ 《2018 年波兰平均小时劳动力成本是欧盟平均水平的约三分之一》，中华人民共和国驻波兰共和国大使馆经济商务参赞处，2019 年 4 月 22 日，http：//www.mofcom.gov.cn/article/i/jyjl/m/201904/20190402855042.shtml。

的形式享受税收优惠，有效期长达 10～15 年。此外，2019 年波兰政府修订了对波兰经济具有重要意义的投资计划。根据新计划，投资者将能够以现金补助的形式申请支持，以创造新的就业机会和节省投资成本。①

2019 年 12 月底，波兰 PLK 与一个由 Intercor、Stecol Corp 和中国水电建设集团组成的联合体签署了价值高达 40 亿兹罗提（约合 9.4亿欧元）的建设合同。中波联合体将升级改造位于奇热夫和波兰东北部最大城市比亚韦斯托克之间的 71 公里的铁路，计划工期 37 个月。这项由欧盟 Connecting Europe Facility 项目与波兰 PLK 共同资助的项目，将使奇热夫至亚韦斯托克之间的铁路列车最大运行速度提升至 200 公里/时，从而显著缩短华沙至亚韦斯托克的旅行时间。② 中国水电建设集团能够参与波兰铁路建设项目，与其在波兰多年深耕和已有的业绩具有密切关系。

总体上看，在波兰铁路建设市场中，欧洲工程承包商及波兰本土的承包商是主力。2018 年 6 月，基础设施部高级官员公开表示，国家铁路计划的投资最终要留在波兰企业口袋里。③ 2019 年 9 月，总部位于奥地利的欧洲著名工程承包商 PORR 集团中标波兰一项铁路改造工程，金额高达 2.85 亿欧元。④ Railway-Technology 网站 2020 年 2 月

① Polish Investment and Trade Agency，"Why Poland"，https：//www. paih. gov. pl/poland_ in_ figures/transport，访问时间：2020 年 3 月 20 日。

② "Polish-Chinese Consortium to Upgrade Bialystok Line"，March 2020，https：//www. railwaygazette. com/infrastructure/polish – chinese – consortium – to – upgrade – biaystok – line/55448.

③ 《波兰启动国家铁路计划》，中华人民共和国驻波兰共和国大使馆经济商务参赞处，2018 年 6 月 15 日，http：//pl. mofcom. gov. cn/article/jmxw/201806/201806 02756340. shtml。

④ Joe Sargent，"Porr Signs Poland's Largest Railway Contract"，September 2019，https：//www. khl. com/1140311. article.

6 日的新闻显示，PORR 集团又中标了波兰 E59 号铁路现代化改造项目，合同金额为 0.88 亿欧元。①

四　中资企业参与波兰铁路建设的挑战

中国全球投资跟踪数据库显示，2005～2019 年，中国企业海外铁路建设工程签约合同金额为 992.2 亿美元，铁路项目投资金额为 98.3 亿美元，其中，465.6 亿美元的铁路建设工程签约合同来自欧洲，39.3 亿美元的铁路项目投资位于欧洲。由此可以看出，欧洲成为中国全球投资的重要地区。通过数据库检索发现，中国企业在波兰的投资总额为 10.9 亿美元，投资主要集中在机械、能源、健康等领域。中国企业在波兰的工程签约合同金额为 10.95 亿美元（2013～2019 年），② 主要涉及能源、公路等建设项目。该时间段内中国企业唯一签约的交通建设项目（公路）由中国电建中标，中国电建网站发布题为《十年来中企首次：中国电建签约波兰公路项目》的新闻。结合相关数据和新闻可以看出，中资企业在波兰交通工程领域的投资和建设并不活跃，这也间接表明中资企业进入波兰基础设施建设市场存在一定的壁垒和制约。

波兰市场的投资风险相对较低，总体风险级别与新加坡、阿联酋、马来西亚等国处于同一层次。③ 波兰国内的工程建设和工程承包

① "PORR Wins New Rail Track Modernization Contract in Poland", February 2020, https：//www. railway－technology. com/news/porr－rail－track－modernisation－poland/.

② "China Global Investment Tracker", https：//www. aei. org/china－global－investment－tracker/，访问时间：2020 年 3 月 20 日。

③ 张栋等：《"一带一路"沿线主要国家投资风险识别与对策研究》，《东北亚论坛》2019 年第 3 期。

市场相对成熟，但是中国企业进入相对较晚，导致其对波兰的相关法律法规、环境评估以及设计资质等方面的要求不熟悉或不适应。近年来，欧盟及一些成员国对中国在中东欧国家开展贸易和投资表现警觉甚至"不安"，并继而采取了一些"软法"和"硬法"规范来保护欧盟的利益，这一做法必然会影响中国工程建设企业在波兰的实践和探索。在欧盟愈加强调用"规范性力量"调整中欧经贸关系的背景下，中国对中东欧国家的贸易和投资所面临的欧盟法律风险凸显，中国企业需要引起重视并采取相应的应对措施。①

波兰加入欧盟后，得到了欧盟大量的投资预算支持，其中很大一部分用于改善波兰境内的交通基础设施条件。2019 年 10 月，欧盟宣布为波兰 131 号铁路投资 8.38 亿欧元，用于轨道更新、铁路桥梁建造、提升铁路机车运行速度。② 国际工程承包和建设实践案例表明，项目资金来源渠道对建设企业的选择、资质许可，甚至是项目执行和流程管理都具有显性和潜在的影响。波兰基础设施建设资金 60% 来自欧盟，40% 来自波兰自筹。③ 因此，在波兰铁路建设项目业务全流程中，欧盟及相关管理组织具有较大的话语权和影响力。

欧盟基础设施建设中招标程序、技术参数和环保要求高，造成市场准入门槛高，中国企业在中东欧承建基础设施项目时必须遵循欧盟的技术和环保标准。④ 欧盟法律还规定，中东欧地区的欧盟成员国大

---

① 蒋小红：《中国企业在中东欧国家贸易和投资面临的欧盟法风险及应对——基于对塞尔维亚、匈牙利和波兰的考察》，《欧亚经济》2020 年第 2 期。

② "EU Commits ＄966m to Modernize Polish Rail Network", October 2019, https：//www. railway – technology. com/news/eu – 966m – polish – rail/.

③ 裴昱：《波兰铁路交通司副司长：将对赴波投资铁路项目支付 20% 的项目预付款》，中国经营网，2019 年 6 月 2 日，http：//www. cb. com. cn/index/show/zj/cv/cv13450721262。

④ 叶泓：《开拓中东欧工程承包市场的几点思考》，《国际工程与劳务》2014 年第 5 期。

型基建项目如果接受欧盟的资助，还须受欧盟附加条款的约束。

从法律视角看，波兰政府虽然允许外国企业在波兰承接工程建设项目，但在实际操作中为外商企业设置了一些柔性门槛，政府方具有较大裁量权。一般情况下，波兰政府控制的工程建设项目实行严格招标制度，但是也存在其他特殊情况。例如，对于大型交通基础设施建设项目，波兰业主可能采用"竞争性对话"的形式确定工程建设合作对象，即招标方与一定数量投标者进行谈判，以保证在竞争情况下选择最佳的工程建设方案；同时，也可能实施"非公开议标"方式，即招标方不对外公开发布招标信息，仅从其邀请的投标者中选出最佳投标方。同时，波兰还制定了严格的劳动者保护和用工制度，中国工程建设企业需要了解波兰的有关规定和当地文化背景等，以最大化地减少项目执行的摩擦。从上述分析可以看出，资金来源渠道、标准选择、法律因素、文化差异等软硬件门槛的综合叠加，给中国企业参与波兰铁路建设带来挑战。

结　语

2018年9月，欧盟发布了《连接欧洲和亚洲——对欧盟战略的设想》，全面系统阐述了欧盟欧亚互联互通战略政策主张。2019年4月，在第二十一次中国—欧盟领导人会晤中，双方一致同意推动"一带一路"倡议和欧盟欧亚互联互通战略对接，可以预见，基础设施领域的互联互通是中欧未来合作的一个重要领域。在"一带一路"倡议和欧盟欧亚互联互通战略对接实施中，波兰的地理区位、发展基础和市场规模等方面，决定了其具有促进两大战略对接的优势。波兰有望在中国和欧盟进行交通基础设施领域的合作、实现高水平亚欧互联互通、促进中欧班列高质量发展的过程中扮演中介和关键角色。

波兰是欧盟重要的铁路大国，也是欧洲重要的铁路交通枢纽。波

兰大量的既有铁路线路存在升级改造的需求，使得波兰铁路建设工程领域存在较大的市场空间。中国在铁路建设领域积累了较强的技术实力和丰富的工程管理经验，中资工程建设企业在普通铁路、高速铁路建设方面，具有显著的技术经济优势，这为中资工程建设企业在波兰开拓市场提供了良好的基础。由于标准、法律和文化等方面的差异，以及原有的市场竞争格局的存在，中资企业进入波兰铁路工程建设市场也存在明显的障碍和约束。在机会面前，中资企业有必要扎实做好波兰市场和经营环境等方面的前期调研，充分了解波兰工程承包市场各种"硬规则"和"软规则"，充分做到知己知彼，积极稳妥地开拓波兰铁路工程建设市场。

B.11
波兰物流业现状及参与中欧班列运营状况

王成福[*]

摘　要： 波兰优越的地理区位，使得其无论在欧洲内部，还是在"一带一路"欧亚物流体系中，都扮演了重要的角色。其物流业发展水平将影响欧洲乃至欧亚整体物流绩效水平。本报告通过梳理波兰物流业现状及与中欧班列对接情况发现：波兰物流绩效总体进步很大，尤其是加入欧盟和"一带一路"倡议都给波兰物流业发展带来了契机；从与中欧班列对接情况来看，波兰的铁路路网密度得分和排名都处于全球领先的位置，在电气化率和复线率等指标上，也不输于基建强国中国，但其存在运输速度、能力和容量等与现行运输需求不匹配的问题，尤其是在中欧班列铁路口岸的换装和转运上存在严重的不足，逐渐成为其运行瓶颈，未来若能突破这一瓶颈问题，则可大大提升波兰与中欧班列合作的潜能。

关键词： 波兰　物流业　中欧班列

---

[*] 王成福，重庆理工大学讲师、欧洲研究中心研究员，主要研究方向为综合运输经济。

波兰处于欧洲的"心脏"地带，位于世界上两个重要的经济体——德国和俄罗斯之间。波兰在欧洲的物流体系中扮演了重要的角色，尤其2004年加入欧盟以来，其逐渐成为中部欧洲物流中心。同时，波兰是"一带一路"进入欧洲的大门，有着优越的地理位置，而且由于哈萨克斯坦、俄罗斯和白俄罗斯在欧亚经济联盟内组成关税同盟，带来途经波兰的货物最多只需两次通关就可到达目的地的关税红利，从而更加提高了波兰作为欧洲门户的竞争力。"新丝绸之路"为波兰提供了嵌入欧亚一体化的机遇，其将在中国对欧盟出口中发挥物流枢纽和集散中心的作用。[①] 其中，在中欧班列"钢铁驼队"西、中、东三大通道，六大线路中，有四大线路途经波兰或以其为目的地。西部通道演化的南向两线路经过土耳其（或哈萨克斯坦、阿塞拜疆、亚美尼亚、格鲁吉亚、土耳其）到达欧洲。显然，在对波兰物流业的研究中，应充分考虑其在欧洲和"一带一路"经济走廊"十字路口"这一事实。[②] 可见，无论是在欧洲内部，还是在"一带一路"欧亚物流体系中，波兰都扮演了重要的角色，其物流业发展水平将促进或制约欧洲乃至欧亚整体物流绩效水平。

一 波兰物流业现状

波兰物流业的发展主要依靠公路和铁路，其次为海运和空运，空运货物增长幅度较小。而与德国、法国、荷兰和英国等物流发达国家相比，波兰的仓储物流和多式联运更是处于发展的初

---

① S. Kauf, A. Laskowska-Rutkowska, "The Location of an International Logistics Center in Poland as a Part of the One Belt One Road Initiative", *Log Forum*, Vol. 15, No. 1, 2019, pp. 71 – 83.

② M. Ruta, M. H. Dappe, S. Lall, and C. Zhang, "Belt and Road Economics：Opportunities and Risks of Transport Corridors", The World Bank, 2019.

期阶段。① 鉴于此，本报告对波兰物流业的现状更多从公、铁、海、空四个方面进行介绍。

（一）波兰物流业总体情况介绍

根据世界银行的物流绩效指数（LPI），从 2007～2018 年波兰排名来看，波兰物流绩效总体进步较大，总体排名上升 16 名。2018 年较 2014 年前进了 6 名，而 2010 年较 2007 年前进了 11 名。可见 2004 年加入欧盟和 2013 年加入"一带一路"倡议，都给波兰物流业发展带来了契机。加入欧盟后，波兰物流业迎来一轮突飞猛进的发展，而 2010～2016 年基本处于稳定发展期，2018 年取得了新一轮的突破。具体的波兰物流绩效指数排名详见表 1。

表 1　2007～2018 年波兰物流绩效指数排名

	2007 年	2010 年	2012 年	2014 年	2016 年	2018 年
物流绩效排名	43	32	32	33	35	27

资料来源：根据世界银行物流绩效指数（LPI）整理。

从横向比较来看，本报告选取了几个有代表性的国家与波兰的物流绩效进行比较，有利于从广度上把握波兰物流业的发展概况。第一个国家为德国，德国除 2007 年物流绩效排名全球第三外，其他年份都是排名第一，通过与德国的比较可以直观感知波兰物流业与其的差距。第二个国家为中国，对"一带一路"倡议的提出者与"一带一路"倡议的积极参与者之间的物流业现状进行比较，可以清楚地了解双方合作的可能性和可能方向。第三个国家为土耳其，因在中欧班列的三大通道、六大线

---

① A. Sadowski, K. Wąsowska, and I. Nowak, "Logistics Development in European Countries: The Case of Poland", *European Research Studies Journal*, Vol. 23, No. 2, 2020, pp. 500 – 514.

路中，有两条线路经过土耳其。显然作为亚欧"十字路口"的土耳其和中东欧"十字路口"的波兰，两者在中欧班列上存在一定的竞争关系，故也对两者的物流绩效指数进行对比，具体的比较情况见图1。

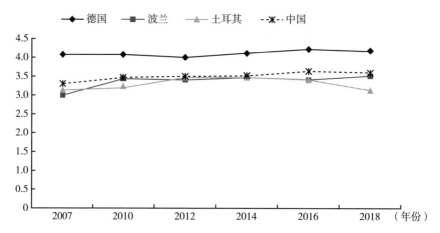

图1 2007～2018 年德国、波兰、土耳其和中国物流绩效指数比较

资料来源：根据世界银行物流绩效指数（LPI）排名资料整理。

从图中可以看出，德国的物流绩效指数处于遥遥领先状态，中国的物流绩效指数较波兰、土耳其有微弱优势。波兰在 2007～2010 年、2016～2018 年增长较快。土耳其的物流绩效指数与波兰的物流绩效指数较为接近，但在 2014 年之后，土耳其物流绩效指数处于下降状态。

而对决定波兰物流绩效指数的六个分指标进行进一步分析，可以对波兰的物流业发展情况进行深度把握。例如 2018 年决定波兰物流绩效指数的六个分指标排名分别为：①跟踪和跟踪货物的能力（31）；②物流服务能力和质量（29）；③安排具有竞争力价格的国际货运的容易度（12）；④清关效率（33）；⑤按期到达收货人的频率（33）；⑥贸易和运输相关基础设施的质量（35）。① 从 2018 年的数据来看，在决定物流绩效指数的六个分指标中，波兰在安排具有竞争力

① 资料来源：世界银行物流绩效指数排名波兰资料。

价格的国际货运的容易度上优势最明显。可见波兰物流在国际运输上有价格优势，在物流服务能力和质量上也有比较优势。而在贸易和运输相关基础设施的质量上的得分是六个分指标中最低的，可见波兰在基础设施上依然需要继续投入。

（二）波兰物流基础设施现状

近年来，波兰对基础设施的投入力度不断加大，交通运输网络、港口设施的运行能力等得到改善。2007～2015 年波兰国家发展规划将基础设施建设列为首要任务，2007～2013 年欧盟援助资金中约 194亿欧元用于发展波兰的基础设施建设。2014～2020 年欧盟基础设施和环境项目基金中，用于改善波兰铁路交通运输条件的资金有 58.9亿欧元，用于城市低碳公共交通建设的资金有 27 亿欧元。2016 年初，波兰政府推出"负责任的发展计划"，提出设计制造城市公共交通工具，包括低碳交通工具，如地铁、地区铁路、华沙—罗兹快铁等。[①] 通过对世界经济论坛《2019 年全球竞争力报告》中的基础设施指标（GCII）的交通基础设施指标（Transport Infrastructure）进行整理可知，2019 年波兰的基础设施指标在参评的 141 个国家或地区中排名第 25 位，其各分指标的得分和排名情况如表 2 所示。

表 2　2019 年波兰交通基础设施各分指标得分及排名

指标	公路连接性	公路质量	铁路路网密度	铁路服务效率	飞机连接性	机场服务效率	班轮运输的连接性	海运服务效率
得分(0～100)	88	55.2	100	48.4	64.7	63.9	63.1	58.8
排名(1～141)	32	57	13	45	38	61	23	51

资料来源：根据世界经济论坛《2019 年全球竞争力报告》整理而得。

---

① 中华人民共和国商务部：《2019 年波兰投资指南》。

从表中的数据可得，在公、铁、海、空四个方面来看，波兰铁路路网密度得分最高，排名最靠前，但制约铁路运输能力的因素还有服务效率，尤其在国际运输中若存在换轨及转运设施等服务设施短板，将严重制约铁路运输的服务能力。从数据可知波兰的铁路服务效率（排第45名）较其铁路路网密度（排第13名）严重滞后，出现极端不匹配的情况。波兰在班轮运输的连接性上也有一定优势（排第23名），但海运服务效率（排第51名）与之在排名上也有一定的差距。公路质量也存在排名较连接性落后的情况。空运基础设施在四种运输方式中排名最低，且飞机连接性和机场服务效率之间也存在排名差距。从波兰铁、海、空来看，三者都存在服务效率滞后于硬件设施连接性的问题，这些问题都将会造成货物运输延误，增加运输成本。根据 Hummels 和 Schaur 估算的货物运输的时间价值，货物延误一天时间相当于5%的从价税。① 故未来波兰在影响基础设施服务效率的关键节点上还需要改善或突破，例如铁路的换装与转运效率、海运港口的装卸效率、转船效率等。

1. 波兰公路设施及运输

自2007年新建第一条100公里的公路以来，波兰的公路建设一直处于扩张状态。2012年新增200公里的公路，2013年又新增330公里的高速公路和300公里的快速公路。根据波兰全国公路2014～2023年建设规划（可能延伸至2025年），政府计划建设总长约3900公里的高速公路。② 而根据波兰中央统计局的数据，③ 截至2018年12

① D. L. Hummels, G. Schaur, "Time As a Trade Barrier", *The American Economic Review*, Vol. 103, No. 7, 2013, pp. 2935 – 2959.

② S. Kauf, A. Laskowska-Rutkowska, "The Location of an International Logistics Center in Poland as a Part of the One Belt One Road Initiative", *Log Forum*, Vol. 15, No. 1, 2019, pp. 71 – 83.

③ 资料来源：https：//stat. gov. pl/en/。

月 31 日，波兰的公路总长 42.46 万公里，硬化路面总长 30.4 万公里，其中高等级公路为 28.2 万公里，低等级公路为 2.2 万公里，非硬化路面总长 12.1 万公里，高速公路为 1636.8 公里，快速公路为 2077.1 公里，两者总长 3713.9 公里，基本完成 2014～2023 年建设规划所提出的任务。而罗兹省（Łódzkie）和大波兰省（Wielkopolskie）为高速公路和快速公路最多的省份，分别有 449 公里和 436 公里。波兰全国注册道路机动车 3080 万辆。公路货运总量 18.7 亿吨，国际货运量 2.67 亿吨，国内货运量 11.2 亿吨，其中马佐夫舍省（Mazowieckie）、大波兰省、西里西亚省（Śląskie）的公路货运转运量排名前三，其货运量及占比分别为 1.5 亿吨（12.8%）、1.3 亿吨（10.6%）、1.2 亿吨（10.3%）。

2. 波兰铁路设施及运输

截至 2018 年 12 月 31 日，波兰铁路总长度为 1.9235 万公里，其路网密度为每百平方公里 6.2 公里，电气化率为 62%，复线率为 45%。中国 2016 年铁路总长度为 12.4 万公里，路网密度为每百平方公里 1.287 公里，电气化率为 64.5%，复线率为 54.8%。从与中国的数据比较来看，波兰在铁路路网密度方面确实有绝对优势，正如表 2 所示，在 141 个国家或地区中排名第 13 位，得分为 100 分。而在电气化率与复线率两个指标上，波兰与中国在伯仲间。波兰 2018 年铁路货运量为 2.6 亿吨，较 2017 年的 2.4 亿吨，增加了 2000 万吨。国际货运量为 8282.2 万吨，其中出口 2412 万吨，进口 4965.9 万吨，此外中欧货运班列的五条线路的运输量也包含在内。铁路出口货运排名前三的国家及运量占比分别为德国（24.7%）、捷克（16.8%）、奥地利（7.5%），中国排名第五（5.1%），货运量为 124.2 万吨。铁路进口货运排名前三的国家及运量占比分别为俄罗斯（28.5%）、乌克兰（18.7%）、德国（9.5%），中国排名第五（3.7%），货运量为 185.8 万吨。波兰 2018 年铁路运送旅客 3.097 亿人次，其中国际

旅客为 175.2 万人次。双向客流量排名前三的国家分别为乌克兰（70
万人次）、德国（60.7 万人次）、捷克（23 万人次）。中国与波兰的
双向货运量仅为 310 万吨，仅占波兰铁路货运总量的 1.19%。未来
随着"一带一路"与"琥珀之路"的进一步对接，中波之间铁路货
运还有发展空间。

3. 波兰水运设施及运输

根据波兰中央统计局的数据，截至 2018 年 12 月 31 日，波兰内
河航道总长 3653.5 公里，其中通航监管航道长度为 2425 公里。内河
货物运输量达 510.7 万吨，其中国内货物运输量为 243.2 吨，国际货
物运输量为 267.5 吨；海洋货物运输量达 914.9 万吨，85% 为近海货
物运输，其中波罗的海地区货物运输量为 755.2 万吨。可见波兰的海
洋货物运输主要是近海运输，波罗的海地区是其主营业务地区，该地
区的货物运输量占海洋货物运输总量的 83%。

波兰共有 6 个海港，[1] 主要包括格但斯克（Gdańsk）港、格丁尼亚
（Gdynia）港、什切青（Szczecin）港、希维诺乌伊西切（Świnoujście）
港等。其中格但斯克港作为波兰海运的旗舰项目，2019 年总货运
量为 5215.7 万吨，集装箱 207 万 TEU，按重量统计为 2090.4 万
吨，运送乘客 18.89 万人次。在波罗的海地区，格但斯克港的总货
运量排名第 6，而集装箱运输量在该地区排第二位，第一位为圣彼
得堡港。[2] 格但斯克港码头长度为 30.036 公里，其中能够利用的
码头长度为 21.911 公里，利用率为 73%，后续还有较大的挖掘空
间。而中国与波兰港口运输主要为集装箱运输，2018 年中波之间
的集装箱运输量为 273.06 万吨。未来中国可以利用格但斯克港在

---

① 《波兰国家概况》，中国外交部网站，https：//www.fmprc.gov.cn/web/gjhdq_
676201/gj_ 676203/oz_ 678770/1206_ 679012/1206x0_ 679014/。

② "The Port of Gdansk in Europe," http：//www.portgdansk.pl/about - port/the -
port - of - gdansk - in - europe, October 4, 2021.

波罗的海的集装箱码头的优势地位，加强与之在集装箱海洋运输的合作。

4. 波兰空运设施及运输

2018 年波兰主要的机场有 13 个，航线有 218 条，其中国内航线 20 条，国际航线 198 条，与 45 个国家有定期航班，民用飞机共有 1325 架。重要的机场位于华沙、克拉科夫、卡托维兹、格但斯克和弗洛茨瓦夫。排名第一的华沙机场 2018 年起降国际航班 15.55 万架次，国际旅客流量 1602 万人次，国内旅客流量 176.1 万人次。而 2018 年波兰空运的货运量为 6.34 万吨，其中国际货运量 6.29 万吨。空运旅客 1385 万人次，其中国际旅客 1216.9 万人次。2016 年 9 月 21 日，中国国航宣布开通每周四北京—华沙航线，航班号为 CA737/738，至此国航开通的欧洲航线增至 24 条。以此条"空中丝路"为纽带，中国和波兰之间的人员交往、商业往来会更加频繁。①

根据上文可对波兰的公、铁、水、空的货运量和旅客量进行比较，具体情况见表 3 及图 2、图 3。

表3　2018 年波兰公路、铁路、水运、空运运输量比较

分指标	公路	铁路	水运*	空运
货运量（千吨）**	1873022	259547	14256	63
货运百分比（%）	85.0	11.8	0.65	0
国际货运量（千吨）	266784	82822	11576	63
国际货运量百分比（%）	65	20.2	2.9	0
运输旅客量（千人次）	336511	309722	2930	13850

---

① 《国航开通北京—华沙直飞航线 21 日首航》，人民网，http://finance. people. com. cn/n1/2016/0921/c1004 - 28728606. html.

续表

分指标	公路	铁路	水运 *	空运
运输旅客量百分比(%)	50.8	46.7	0.4	2.1
国际旅客量(千人次)	5200	1752	617	12169
国际旅客量百分比(%)	26.3	8.9	3.1	61.7

注：＊水运为内河运输和海洋运输之和。

＊＊2018年波兰货运量和国际货运量的数据，波兰统计局是按公路＋铁路＋水运＋空运＋管道五种方式统计，本表只列出了公路、铁路、水运、空运的统计数据，但计算百分比时是按这五种货运方式汇总作分母计算的。其中，管道货运量为5528.7万吨，管道国际货运量为4907.3万吨。

资料来源：根据波兰中央统计局"Transport-activity Results in 2018"整理。

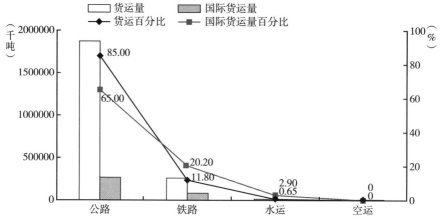

图2　2018年波兰公路、铁路、水运、空运货运量及国际货运量比较

资料来源：根据波兰中央统计局"Transport-activity Results in 2018"整理。

结合表3、图2和图3，波兰在四种货物运输中，公路一家独大，占比为85.0%，铁路作为补充，占比为11.8%，水运、空运贡献率较小；在国际货运方面，铁路的贡献率有所上升（20.2%），公路依然比较强势（65%）。显然在国际货运长距离运输方面，铁路是首选，例如中欧班列等，但相对于波兰每百平方公里6.2公里的高度密集的铁路路网，显然其潜能并未被充分挖掘，换装、转运制约了其国际货运量

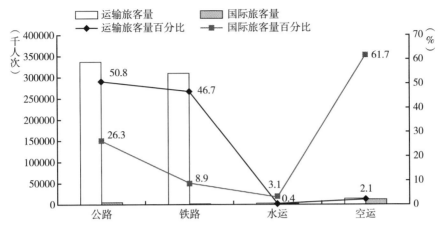

图 3　2018 年波兰公路、铁路、水运、空运运输旅客量及国际旅客量比较

资料来源：根据波兰中央统计局"Transport-activity Results in 2018"整理。

的提升。水运在国际货运领域占比为 2.9% ，但整体贡献率较低，未来水运可利用格但斯克港等海港集装箱运输方面积累的优势，充分挖掘未利用的海港线等潜能。在运输旅客方面，波兰依然以公路和铁路为主，铁路基本与公路平分秋色，水运、空运贡献率依然较低。而在运送国际旅客方面，形势发生了反转，空运占比为 61.7% ，在远距离输送人员方面，空运是首选的方式，公路、铁路占比分别为 26.3% 、8.9% 。

二　波兰参与中欧班列运营状况

（一）高层对接

纵观历史，波兰所处的地理位置曾是波兰民族发生悲剧的重要诱因。18 世纪末的波兰曾被周边的大国多次瓜分，并在地图上被抹掉了 123 年，所以对地理位置的恐惧一直深藏在波兰人的民族心理当中。① 波兰之所

---

① 刘作奎：《"一带一路"在中东欧系列——波兰的忧虑》，环球网，https：//opinion. huanqiu. com/article/9CaKrnJNB1E。

以提出"琥珀之路",并积极参与中国"一带一路"建设,便是为了经略其优势地理位置,实现民族振兴、国家富强,避免被瓜分的历史悲剧重演。故而,在中国提出"一带一路"倡议之后,波兰属于最早积极响应的第一梯队国家。2015年4月,波兰申请加入亚洲基础设施投资银行,是中东欧第一个提出申请的国家。而2015年11月,中国与波兰就签订了《中华人民共和国政府和波兰共和国政府关于共同推进"一带一路"建设的谅解备忘录》;2016年6月,两国关系上升为全面战略伙伴关系,并签订了《中华人民共和国和波兰共和国关于建立全面战略伙伴关系的联合声明》。2017年5月,波兰总理贝娅塔·希德沃参加了"一带一路"国际合作高峰论坛,并在波兰驻华使馆召开的新闻发布会上明确表示,波兰有信心成为在"一带一路"建设中连接欧亚大陆的交通物流枢纽。① 可见中波高层之间对"一带一路"建设具有高度的共识。中欧班列作为"一带一路"亮丽的"名片",是中波之间沟通的"信使",开行班次从最初的一周一次到一周七次,频率越来越高。例如"蓉欧"班列从最早的一周一趟,逐渐增加到每周两趟,回程班列为每月一趟,到现在每月有30趟班列从成都到达罗兹,同时约有10趟回程班列。②

(二)中欧班列运营及与波兰的连接情况

1. 线路开通与波兰连接情况

中欧班列是"钢铁驼队"中的集装箱国际铁路联运班列。2011年3月19日,从重庆开往德国杜伊斯堡的"渝新欧"班列作为最早开通的中欧班列,便是通过波兰的马拉舍维奇铁路转运港换轨,从宽

---

① 《波兰总理:波兰愿在"一带一路"中做连接欧亚大陆的交通枢纽》,凤凰网,http://news.ifeng.com/a/20170516/51099580_ 0. shtml。

② 《中欧班列的秘密 当波兰遇上中国……》,新华网,http://www.xinhuanet.com/world/2017 - 07/19/c_ 129659335. html。

轨换为标准轨后到达德国。在"渝新欧"班列开通之后"蓉欧""郑新欧"等班列也纷纷开通。经过十多年的发展，各路班列统一成中欧班列，分别从中国重庆、成都、郑州、武汉、苏州、义乌等开往德国、波兰、西班牙等国家的主要城市。目前国内开行中欧班列的城市已经达到43个，而到达欧洲的国家已有14个，城市有42个。中欧班列已形成以"三大通道、四大口岸、六大线路"为结构的基本格局。[①] 三大通道指西、中、东三条通道，四个口岸为阿拉山口、霍尔果斯、二连浩特、满洲里口岸。中欧班列从新疆或内蒙古出境，通过西、中、东三条通道分化出来的六条线路到达欧洲。西通道（阿拉山口、霍尔果斯）共有两条线路，中通道（二连浩特）、东通道（满洲里）共有四条线路，它们都经过波兰到达欧洲。只有西通道分化出来的西南线（阿拉山口、霍尔果斯）两条线路不是通过波兰到达欧洲，而是经中亚、伊朗、土耳其（或哈萨克斯坦、阿塞拜疆、亚美尼亚、格鲁吉亚、土耳其）到达欧洲。

2. 中欧班列货运

截至2019年10月底，中欧班列已累计开行班列19000多列。[②] 2017年中欧班列集装箱运输量共计31.79万TEU，其中去程21.2万TEU，回程10.59万TEU。2018年中欧班列集装箱运输量去程为32.5万TEU，较2017年提高了33%。[③] 从货运总价值来看，2016年中欧班列货运总价值仅为中欧贸易总额的2%，而空运占28.0%，公路占6.0%，海运占64.0%。从货物重量来看，2016年，中欧之间

---

① 马斌：《中欧班列的发展现状、问题与应对》，《国际问题研究》2018年第6期，第72~86页。

② 《中铁集装箱》，http：//www.crct.com/index.php? m = content&c = index&a = lists&catid = 22% E3% 80% 82。

③ Keith Wallis，"China-Europe Rail Rates Falling as Volumes Rise"，September 12，2019.

的货物运输按重量计算，铁路占比为 0.9%，空运占比为 1.8%，公路占比为 3.0%，海运占比为 94.0%。[①] 从上述数据可以看出，空运的货物价值是铁路运输的 14 倍，但空运的货物重量仅为铁路运输的 2 倍，说明空运的货物是高附加值产品，而铁路运输的货物则介于海运的低附加值货物与空运的高附加值货物之间。但上述数据也说明，中欧班列目前并不是中欧贸易的主要运输方式，只占其中的一小部分，仅仅占 0.9%，海运依旧占据强势主导地位。

（三）与中欧班列关联的波兰口岸

与中欧班列关联的波兰口岸，主要为马拉舍维奇口岸，中欧班列在此换装和换轨。2017 年马拉舍维奇的集装箱吞吐量是 2015 年的 4 倍，达到近 7.4 万 TEU，为波兰带来近 1.09 亿美元的税收和收入。[②] 结合上文论述，从 2017 年中欧班列 31.79 万 TEU 的集装箱运量来看，经马拉舍维奇口岸的占了 23%。马拉舍维奇口岸作为中欧班列进入欧洲的一个重要分拨枢纽点和铁路换装点，有大大小小 23 个场站，经营着国内与国际货物运输与仓储，将来自中国的货物分流至波兰罗兹、德国纽伦堡以及荷兰蒂尔堡等各大欧洲城市，也同时将欧洲的产品运往中国。[③] 但因为中欧班列发展迅速，马拉舍维奇等欧洲枢纽的铁路基础设施老化，装卸能力不够，无力支撑波兰优越地理位置赋予的天然的国际物流中心的汇流能力，从而导致中欧班列在此换装中转时拥堵严重，经常需要排队等候几天甚至更久，严重制约了中欧

---

① J. E. Hillman, "The Rise of China-Europe Railways", April 9, 2021, https：//www. csis. org/analysis/rise－china－europe－railways.

② 《中欧班列如何再提速？》，《国际商报》，http：//tradeinservices. mofcom. gov. cn/article/yanjiu/pinglun/201807/64751. html。

③ 《跟着班列去旅行：走进波兰最大的"铁路转运港"——马拉舍维奇》，凤凰新闻，https：//baijiahao. baidu. com/s? id = 1643228943498638548&wfr = spider&for = pc。

班列的速度。如 2017 年中欧班列平均延期时间为 7 天。① 这显然大大削弱了中欧班列相对于海上运输的时间优势。2018 年 9 月 29 日，中欧班列从成都出发，途经波兰谢米亚努夫卡（Siemianówka）口岸，并在此口岸进行换装和转关后，最终成功抵达德国纽伦堡，这是中欧班列在波兰开通谢米亚努夫卡新口岸后的首次正式运行。谢米亚努夫卡作为新口岸，显然是为解决目前马拉舍维奇口岸的拥堵问题，提升班列运输时效而采取的措施。可见上文分析的 GCII 指标中铁路的服务效率低，与波兰口岸的换装装卸能力也相关，未来波兰需提升其口岸换装装卸能力。目前，波兰国家铁路总公司（PKP）正计划实施一个大基建的扩张计划，到 2023 年，预计为此将投入 200 亿欧元。这将是对欧盟铁路基础设施最大的投资计划，其中，也释放出波兰愿意为改善亚欧铁路网而做出贡献的有力信号。

三　波兰物流业特点及发展前景

波兰物流绩效在 2007～2018 年发生了重大变化。波兰物流绩效指数排名从 2007 年的第 43 位上升到 2018 年的第 27 位，证明波兰物流业发展迅速。波兰物流业货物运输主要依靠公路（85.0%）和铁路（11.8%），水运（0.65%）和空运贡献率太小，尤其空运占比基本为零。但最近几年波兰依托其海运的旗舰项目——格但斯克深水港的运营，水运货物量增长明显，铁路运量增长紧随其后。但从海陆空物流比重来看，波兰的物流运输结构与全球运输结构不同，有自己的特点。从全球来看，海运（约 90%）为主要的运输方式。而波兰水

---

① Greg Knowler, "Rising Asian Volumes Choke Europe Rail Terminals", August 2017, https：//www.joc.com/rail－intermodal/international－rail/asia/rising－asian－volumes－choke－europe－rail－terminals_ 20170809. html.

运（包括内河运输）仅占 0.7%，且其中波罗的海地区是其主营业务地区，该地区的货物运输量占其海洋货物运输总量的 83%，主要为近海运输，说明波兰海运嵌入世界物流体系的能力较弱。未来波兰可依托格但斯克深水港，利用其波罗的海地区集装箱吞吐量排名第二的优势，争取获得更多融入世界物流体系的机会。波兰在加入欧盟后其物流体系逐渐实现与欧盟深度融合，从其国际运输结构来看，公路占比 65%，这主要得益于与欧盟之间频繁的公路货物运输，其公路很好地连接了中东欧与德国，它们之间供应链整合程度高，如波兰作为德国汽车工业重要零部件的供应国之一，便是典型的范例。从铁路来看，在国际货物运输方面，铁路的占比较波兰铁路货运整体占比有所上升。可见在短途国际货物运输中，即欧盟内部运输中公路有优势，但在国际货运长距离运输方面铁路运输竞争优势明显，例如中欧班列等。但显然相对于波兰每百平方公里 6.2 公里的高度密集的铁路路网，其铁路潜能并未被充分挖掘，换装、转运能力的不足制约了其国际货运量的提升。

显然，波兰物流有其优势也有其劣势。优势方面，首先，在于其地理位置。波兰与世界物流绩效指数一流的德国毗邻，尤其在波兰加入欧盟之后，与德国这一世界最重要的物流中心的对接融合，使得波兰物流业以跑步前进的速度发展，故而从数据上可以看出从 2007 年到 2010 年波兰物流绩效指数排名突飞猛进，这便是与一流物流中心合作带来的结果。而在加入"一带一路"之后，波兰依靠其有利的地理位置，可较容易地融入中欧班列运输体系，充当亚欧大陆的交通枢纽。其次，波兰优越的地理位置和人力成本优势，使得波兰在国际货运价格上具有较强竞争力，从而获得更多的订单，吸引更多的相关投资，形成良性循环。而波兰物流的劣势则集中体现在基础设施的质量上。例如虽然波兰的铁路路网密度得分和排名都处于全球领先的位置，在电气化率和复线率等指标上也不输于基建强国中国，但其存在铁路运输速度、能力和容量等与现行运输需求不匹配的问题，尤其在铁路口岸的换装和转运能力上存在严重的不足，成为中欧班列发展的瓶颈。

中欧班列运输货物重量占比仅为 0.9%，中欧之间的贸易依然是以海运为主。若以最新的巴拿马船型 12500 - 18000TEU 为例，一艘该船最大荷载 18000TEU，相当于 219 列 82TEU 的中欧班列，显然同样重量的货物运输需要更多的火车，前者规模效应显著。可见未来中欧贸易以海运为主导的格局很难被撼动，中欧班列应更多地与运输高附加值产品的空运竞争。随着全球化进一步发展，中欧之间将产生更多的贸易和人员往来，由此带动整个物流蛋糕的做大，从而提高中欧班列的整体运量。但中欧班列的快速发展，平均每天班列开行数量的提高，将考验中欧之间交通枢纽的疏通能力，若其疏通能力不强，将会抵消铁路货运时间价值红利。目前，波兰的马拉舍维奇口岸实则充当中欧班列在欧洲的交通枢纽，但其与货运需求不匹配的问题已凸显，如设施老化、换装转运能力不足等，从而导致口岸线路拥堵、排队等候的问题，而新投入使用的谢米亚努夫卡口岸无疑起到分流作用。

中波关系篇
China-Poland Relations Reports

B.12
中国－波兰全面战略伙伴关系：
建立、内容与实施[*]

曾文革　邓月^{**}

摘　要：　自中国和波兰建交以来，中波关系经历了由平稳发展到停滞不前再到20世纪90年代后期不断发展和深化的过程。中波自建交以来的友好关系及发展政策、经济发展诉求和历来的文化交流推动中波建立全面战略伙伴关系。2016年中国和波兰建立全面战略伙伴关系，标志着中国与波兰关系发展进入新阶段。两国建立全面战略

---

* 基金项目：2019年教育部哲学社会科学重大项目"对'一带一路'沿线国家投资风险监测预警体系研究"（项目批准号：19JZD053）；重庆市国际法导师团队项目（项目编号：022600111200107）；重庆大学科研培育专项（项目编号：0226001104020/004）。

** 曾文革，重庆大学教授、博士生导师，研究方向为国际经济法、国际环境法；邓月，重庆大学硕士研究生，研究方向为国际环境法。

伙伴关系尤其注重政治和经济的交流，同时也把合作的重心放在文化、教育、旅游上，从而形成全方位的合作机制，中波两国深化务实合作。首先，以政治互信为出发点，不断开展高层会晤及交流，建立战略互信；其次，双方以经贸往来为着眼点，其贸易规模和投资水平不断提高；再次，两国以人文交流为桥梁，寻求文化合作新方式。未来中国也将拓展与波兰的合作领域，推动两国经济融合，与波兰构建新型国际关系。

关键词： 中波关系　全面战略伙伴关系　国际合作

2016 年，中国和波兰建立全面战略伙伴关系，是中波关系走向新征途的标志，推动彼此在政治、经贸、文化等领域加强深层次的合作。中波关系升级后，双方在政治、经济贸易、人文交流等领域的合作取得了较大的成就。中波关系作为深化中欧关系的关键，是推进中国与中东欧国家以及欧洲合作的纽带。本报告以中波建立全面战略伙伴关系为基准，着重研究中波关系的发展情况和合作成果，探讨中波关系深入合作的进展与存在的问题，为更好地推进中波双边全方位的合作以及中国和中东欧国家关系的发展提供有益的借鉴和参考。

一　中波全面战略伙伴关系建立的背景

近年来，中波双方一直维系着友好的政治经济关系。随着波兰对华政策的转变以及其与中国发展政策的对接，中国紧紧抓住与波兰发展关系的机遇。同时，随着"一带一路"倡议的启动，中波对彼此

经济利益的诉求要求双方加强合作。除此之外，中波从建交至今的人文交流对双方彼此增进了解产生了重要影响，有力地推动了全面战略伙伴关系的建立。

（一）政治背景

首先，中波自建交以来的友好关系为两国深化政治往来奠定了基础。1949 年，中国和波兰正式建交。波兰是最早与新中国建交的国家之一。21 世纪之后，中波两国加强政治交往，深化各领域的合作。中国和波兰于 2011 年成功建立战略伙伴关系，从此两国关系迈上一个新台阶，为两国经济发展搭建了一个全新的平台。自中波两国建立战略伙伴关系以来，中波政府之间的高级别交往十分密切和频繁，为两国进一步合作奠定了良好的政治基础。由此可见，新中国成立以来中波建交的政治资产是双边加强合作的重要因素。

其次，中波双方发展政策上的对接使两国产生了建立共同合作机制的构想。2015 年，法律与公正党上台，新政府为巩固政权采取了一系列措施，欧盟都将其视为种种挑衅。在宪法危机、难民危机、俄乌冲突等多重因素的作用下，波兰和欧盟的关系不断恶化。因此，波兰想摆脱对欧盟的依赖，提升自身的地缘政治地位，故波兰将眼光转向亚洲。中国同波兰的务实合作为促进中国与欧洲伙伴关系的发展提供了新路径。

（二）经济背景

在全球化合作的背景下，中波双方的经济发展诉求是两国全面合作的内在驱动力。

首先，从两国经济现状来看，波兰的发展需求使波兰对华政策发生转变。波兰一方面受限于历史和地域等因素的影响，国内的发展呈现东西不均衡的情况；另一方面受欧债危机的影响，欧洲国家经济发展一直处于不稳定的状态，各国的经济复苏能力也受到影响。波兰近几年的 GDP 数据显示，2011～2015 年波兰国内生产总值的增长速度呈明显放缓趋势，同时波兰的经济发展水平高于欧盟平均水平，欧洲市场难以满足波兰的发展需求。同时，尽管波兰在维谢格拉德集团中处于"领头羊"的位置，但是其区域合作的潜力十分有限。波兰经济发展空间受限促使波兰将目光投向亚洲市场。2001 年，中国加入 WTO，对中国全球贸易地位产生了积极影响。中国运输基础设施和物流服务的不断发展，促使波兰想要增强与中国的有效互动。[1] 与此同时，随着波兰和中国的合作逐渐加深，双边贸易呈现上升趋势，再加上中国不断完善与贸易投资相关的规则和制度，为波兰走向东方创造了新机会。

其次，中国是波兰在亚洲的最大贸易伙伴，[2] 但是从两国贸易数据来看，波兰对中国的贸易逆差过大，并且呈现逐年递增的趋势。2011～2015 年，波兰从中国的进口额从 178 亿美元增加至 223.8 亿美元，然而波兰对中国的出口额一直在 20 亿美元上下浮动。2015 年，在中波两国贸易额整体上升的趋势下，中国对波兰的贸易顺差进一步扩大。[3] 因此，两国政府皆希望增加贸易往来，促进双边贸易增长和激发进出口商品结构多样化的潜力。

再次，从两国投资水平来看，虽然中国对外直接投资的目光在欧洲，但是对欧直接投资中仅有少部分资金流向了波兰，由此可见中波双方在投资领域的合作还有很大的空间。一方面，中国的经济发展速

---

[1] Bogusława Drelich-Skulska et al.，"China's Trade Policy Towards Central and Eastern Europe in the 21st Century," *Example of Poland*，Vol. 14：1，2014，pp. 149 - 174.

[2] Evangjelia SALI，"16 + 1 Initiative in China-EU Relations：'Golden Opportunity' or 'Divide and Rule'"，*China-CEE Institute Working Paper*，No. 25，2018，p. 10.

[3] 刘作奎：《波兰的外交政策走向与中波关系》，《当代世界》2016 年第 7 期，第 27 页。

度对波兰投资产生了强大吸引力；另一方面，根据联合国的《世界投资前景调查报告》，在过去 20 年中，波兰 GDP 一直保持增长，波兰具备一系列完善的吸引外资的政策。波兰健全的吸引外资的政策也是中国企业对外投资考虑的因素之一。

综上所述，中波双方在经济、贸易往来、投资三个方面的需求促使中波两国拓展合作的深度和广度，推动双方建立全面战略伙伴关系。

（三）文化背景

中波历来的文化交流为深化中国和波兰的合作关系提供了新动力。中国文化博大精深、源远流长，早在 17 世纪便有波兰传教士远赴中国，研究中国历史、医学、儒学等文化。中波建交时，两国的交流主要局限于政府之间。随着波兰与我国签订文化合作协定，两国人文交流范围不断扩大，极大促进了两国关系。人文交流是两国合作的纽带。中国和波兰加深对彼此语言、习俗、文化等方面的理解，为两国增加政治互信和加强经贸往来夯实了交流基础。

基于上述因素，中国国家主席习近平于 2016 年 6 月 19 日对波兰进行国事访问。在此期间，双方决定建立全面战略伙伴关系，并签订了《中华人民共和国和波兰共和国关于建立全面战略伙伴关系的联合声明》（下称《联合声明》）。在此基础上，为进一步推动两国合作稳步提升，双方在经贸、产业产能、基础设施、文化等领域签署了一系列合作文件，以完善双边合作机制。这是中波关系自建交以来的一大突破，双方在政治、经济、社会、文化、外交等方面有了更深层次的探讨和合作。

二 《联合声明》的内容及评价

中波关系由战略伙伴关系升级到全面战略伙伴关系，意味着中波双方将在政治、经济、文化等领域有更高层次的交流合作，双方在整体、全局、核心利益上达成高度一致，中波关系全面进入新时代。中波关系不仅是"17＋1"合作机制的重要组成部分，也是中国和欧洲构建友好和谐关系的重要组成部分。中波关系的加强有助于增强"17＋1"合作机制和"一带一路"倡议的影响力，有助于加深中国与欧洲的合作共赢关系，有助于两国构建新型国际关系。

波兰是第34个与中国建立全面战略伙伴关系的国家。《联合声明》作为此次双边高层会晤的成果，在多个领域和更深层次上为中波双方加强合作提供了指导。

（一）《联合声明》的内容

《联合声明》从两国的根本利益出发，强调中波长期且稳定的合作关系符合两国共同利益。《联合声明》共十一条，第一条确定了中波两国合作的指导思想和基本原则，第二条至第四条规定了两国的政治往来问题，第五条到第七条规定了两国的经贸合作途径，第八条强调了两国的人文交流措施，第九条到第十一条强调了两国在国际中的重要作用。

中波双方强调加强政治互信。《联合声明》第三条指出中波双方相互尊重主权和领土完整，波兰重申奉行"一个中国"政策。为进一步加强两国政治互信，两国在高层交流上达成一致，决定定期在高级别层面坦诚交流意见。《联合声明》第七条第一款规定中波双方将每两年进行一次总理会晤，充分发挥总理定期会晤机制和中波政府间合作委员会的协调作用，形成从中央到地方、从官方到民间的沟通合作方式，主要有国家领导人会晤、部长级会议、交流会、论坛等。双方高层交流不断增加，拓展了双方合作的广度和深度，夯实了中国和波兰合作的基础。

中波双方强调加强经贸合作。贸易是中国和波兰合作的关键。①
《联合声明》第五条在战略上指出中波双方将在"一带一路"倡议和
波兰提出的"可持续发展计划"框架下开展双边合作，实现互利共
赢。《联合声明》第六条涉及企业服务方面，强调中波将秉持互惠互
利的原则，公平对待两国企业，为两国企业营造良好的发展条件。
《联合声明》第七条第二款涉及贸易便利化方面，两国将通过简化贸
易程序、利用数据平台实现信息共享为双边贸易提供便利；《联合声
明》第七条第三款涉及基础设施方面，波兰将以创始成员国的身份
加入亚投行。

中波双方强调进一步加强人文交流。《联合声明》第八条第一款
涉及文化交流方面，中波双方将在科学、教育、文化、体育、艺术等
方面不断深化合作，推动两国文化交流和传播；《联合声明》第八条
第二款涉及旅游合作方面，中波双方将简化签证程序和流程，为两国
人员往来创造便利条件，促进两国国民跨境交流，带动两国旅游业
发展。

中波双方强调将加强国际领域合作。《联合声明》第九条涉及
中欧关系方面，该条指出"17+1"合作机制是中国与中东欧国家
友好合作的重要平台，中波双方合作的加强有利于中国—中东欧
国家合作机制的完善和创新，有利于加强中国与其他欧洲国家的
联系和交流。《联合声明》第十一条涉及全球方面，中波两国均强
调良好的国际环境的重要性，两国将致力于打造和维护开放包容
的世界。

---

① Hang Yuan, "China's Narratives on Strategic Partnership and the Responses of Poland
and Hungary", *Stosunki Międzynarodowe-International Relations*, No. 3, 2019,
p. 49.

表 1　《联合声明》的内容

合作方向	内容
政治方面	①互相尊重主权和领土完整 ②加强两国高层交往，扩大两国中央和地方政府、立法机构及政党间各级别的交流与合作 ③就促进和保护人权及法治开展交流
经贸方面	①编制中波合作规划纲要 ②公平对待两国企业 ③充分发挥总理定期会晤机制和中波政府间合作委员会的协调作用 ④鼓励和支持两国企业扩大基础设施建设、产能合作等领域合作规模，促进贸易便利化 ⑤波兰作为创始成员国加入亚投行
人文方面	①加强在文化、教育、体育等领域的合作 ②深化旅游、卫生、智库等领域的交流，简化签证程序
国际方面	①双方推动中国—中东欧国家合作 ②全面落实《中欧合作2020战略规划》 ③完成中欧投资协定谈判 ④推动国际关系民主化法治化，维护联合国的作用

（二）评价

《联合声明》从中波两国人民根本利益出发，以两国共同利益为基础，为中波在政治、经济、文化等各领域的合作交流指引了方向，系中波两国深化务实合作、拓展合作领域的"导航仪"。从声明的内容可以看出中波两国的合作特别注重政治和经济的交流，同时也把重心放在文化、教育、旅游上，从而形成了全方位的合作格局。《联合声明》有助于将中波关系推向一个全新的高度，有助于扩大两国合作规模，提高两国合作水平。首先，中波两国深层次的政治对话将更好地对接"可持续发展计划"和"一带一路"倡议。其次，政治关系的增进助推中波双方经济贸易合作，从双边经济发展到贸易往来，

从企业合作到基础设施建设都有了全面的规划。再次，两国在科教文体等多领域达成合作共识，以人文交流为抓手，扩大人文交流领域，夯实交流基础。

《联合声明》的签署除推进中波关系外，还将影响中国与欧盟的关系。波兰作为欧盟重要的成员国，其人口和国土面积都在欧盟中位列第六。由此可见，中波全面战略伙伴关系的建立将推动中欧繁荣发展，从而有助于构建以稳定、共享、共赢为基调的中欧关系。与此同时，《联合声明》也是对习近平新时代中国特色社会主义思想中推动构建新型国际关系和共同打造人类命运共同体理念的伟大实践，对构建新型国际关系，共同打造人类命运共同体具有指导作用。

三　中波全面战略伙伴关系的发展

自中波建立全面战略伙伴关系以来，中波双方积极在深层次、多领域采取务实措施，体现了中波为深化两国务实合作所做出的努力，不断完善双边合作机制。首先，两国以政治互信为出发点，不断加强高层会晤及交流，建立战略互信；其次，双方以经贸往来为着眼点，贸易规模和投资水平不断提高；再次，两国以人文交流为桥梁，寻求文化合作新方式。总的来说，两国交往日益密切，不断完善两国合作机制，开拓务实合作新模式，为两国繁荣发展带来了切实利益。具体体现在以下几个方面。

（一）政治互信稳步提升

自中波双方建立全面战略伙伴关系以来，双方政治合作不断深化。中国与波兰通过高层互访，沟通交流，不断深化双边政治关系，为经贸合作、文化交流提供了良好的政治基础。

2016～2019年，中波之间的高层双边会见日益频繁。值得一提的是，2016 年 11 月，李克强总理在拉脱维亚里加出席中国—中东欧国家领导人会议期间与谢德沃总理举行双边会见，双方强调不断加强合作、增进交流，提升互联互通、贸易投资水平，丰富全面战略伙伴关系内涵。2017 年 11 月，在布达佩斯举行的第六次中国—中东欧国家领导人会议期间，中国总理李克强与波兰总理谢德沃再次进行双边会见，强调波兰在"一带一路"建设中的重要作用。从以上政治往来可以看出，中波双方会见主要在国家首脑、政府总理、部长级官员之间展开，双方对话机制数量众多，成果显著，对话内容主要围绕"一带一路"建设和"17＋1"合作机制展开，为中波双方各领域的合作奠定了政治基础，促进双方政治关系不断加强。但是中波政治方面的合作深度和经贸、人文合作相比略显不足，《联合声明》中提到积极促进人权和法治领域的合作，但目前来看成效尚不明显。

（二）经济联系不断深入

随着中波贸易往来不断深入，中国和波兰的双边经贸关系不断发展。一方面，这有利于提升两国贸易水平；另一方面，这对增强中国和波兰、中国和欧洲的合作亦有不可取代的作用。

第一，中波贸易合作不断深入。2016 年，中波签署关于共同编制合作规划纲要的备忘录，在此基础上双方开展经贸合作。2016～2019 年中国与波兰双边贸易额逐年增长，双边贸易额从 174.7 亿美元增长到 259.5 亿美元。2019 年，波兰对中国出口 29.7 亿美元，增长了约 20%。①

第二，中波双边投资额不断增长。中国对波兰的直接投资居中东

---

① 中华人民共和国商务部国别报告《2019 年波兰货物贸易及中波双边贸易概况》，https：//countryreport. mofcom. gov. cn/record/view110209. asp？news_ id = 67894。

欧各国首位。2016 年，中国实际利用波兰外商直接投资 585 万美元。① 广西柳工机械股份有限公司、湖北三环集团等实体企业陆续落户波兰。②

第三，资金融通渠道逐渐建立。亚洲基础设施投资银行于 2015 年成立，波兰是第一个加入亚投行的中东欧国家，这不仅为中波双方深化合作提供了平台，也架起了中国和欧洲融资的"桥梁"。中国银行、中国工商银行等 3 家中资银行落户华沙，设立分行，已累计为当地发展融资 20 亿美元。

第四，基础设施不断完善。中波目前已经形成由海运、班列、直航组成的海陆空立体交通网，有力促进了中波双方互联互通。中欧班列逐渐发展，通行数量超 1 万列，成为联系中国和欧洲数个国家的纽带。其中，20% 的中欧班列抵达或途经波兰，例如"蓉欧快铁""苏州—华沙"等欧洲班列，为中波经济发展做出了巨大贡献。但是中国和波兰之间仍然存在基础设施与当前需求不匹配、合作方式单一、物流与产业联动滞后等问题。③

第五，交流平台逐渐拓宽。中波双方分别提出了各种合作平台，涉及各种行业和领域，丰富了合作内涵，实现了多层次、多领域、全方位的政策沟通。例如，由波兰信息与外国投资局主办的"17 + 1"投资促进机构联系机制，由中国贸促会主办的"17 + 1"联合商会。2019 年，第一个波兰—中国官方商业组织波兰—中国总商会正式成立。④ 这是第一个由中波两国企业组成的双边经济组织，旨在推动中

---

① 国家统计局官网，http：//data. stats. gov. cn/easyquery. htm？cn = C01。
② 《从波兰的"中国桥"到"中国大道"：中波关系迈上新台阶》，中国社会科学网，http：//www. cssn. cn/zx/201606/t20160623_ 3082671. shtml。
③ 参见徐刚《中国与中东欧国家地方合作：历程、现状与政策建议》，《欧亚经济》2019 年第 3 期，第 85 页。
④ 《波兰—中国总商会成立》，中华人民共和国商务部网站，http：//www. mofcom. gov. cn/article/i/jyjl/m/201904/20190402849465. shtml。

波经济关系发展，促进贸易和投资。这不仅加强了两国的经济合作，也是两国政府和企业间交流的"桥梁"。

（三）人文交流逐渐多元

在中波全面战略伙伴关系的背景下，随着中波政治、经济的联系不断密切，双方在科技、教育、文化、艺术、旅游等方面的合作取得了阶段性的成效。主要表现在以下几个方面。

第一，科技合作不断深化。首先，政府间科技合作机制确立。2016 年中波科技部门签署了《关于共同资助联合研发项目的合作意向书》，2018 年两国签署了《中国国家自然科学基金委员会与波兰国家科学中心合作谅解备忘录》，为中波深入开展科技研究合作提供了基础。其次，高新科技合作项目得到落实。"天宫二号"空间实验室外侧架设的天极望远镜，以及中国"嫦娥四号"中继通信卫星"鹊桥号"上所搭载的两颗微型卫星亦是由两国共同研制。[1] 同时，民间科技合作热度持续升温。中国大学、研究机构等积极与波兰进行科技方面的合作。例如，2018 年，TCL 集团欧洲研发中心在波兰华沙揭牌成立。[2] 但是，科技委员会例会的形式仍十分单一，中波科技论坛、研讨会等活动尚未取得实质性效果。

第二，教育合作日益密切。中波通过签署教育合作协议、举办教育论坛、设立孔子学院等措施积极促进双方教育合作。例如，2016 年 6 月，两国政府签署了相互承认高等学位的相关协议。同年 10 月，中国教育部举办教育论坛，构建中波青年友好交流平台。同时为推进两国各大高校师生交流，中国各大高校设置专项奖学

---

① 《中波科技合作方兴未艾》，中华人民共和国驻波兰共和国大使馆网站，https：//www.fmprc.gov.cn/ce/cepl/chn/ywzn/kjhz/t1692672.htm。

② 《中波科技合作方兴未艾》，中华人民共和国驻波兰共和国大使馆网站，https：//www.fmprc.gov.cn/ce/cepl/chn/ywzn/kjhz/t1692672.htm。

金，吸引波兰学生来华研习汉语和学习中国文化，加深中国和波兰之间的教育合作。截至目前，波兰共设立了六所孔子学院、一个孔子学堂，这些促进了中外文化和语言的交流，推动了中波文化多元化发展。

第三，文化活动逐渐多元。在中波两国文化交流的新起点上，中波两国拓宽思路，创新多样的中波文化融合活动。诸如"汉语热""欢乐春节·波兰行""舌尖上的中国"美食节等广受波兰人民的欢迎和喜爱。与此同时，"美丽中国·美丽波兰"图片展、中国主题图书展销会纷纷在华沙举行，从而通过不同的形式展现中国魅力，讲述中国故事，增进中波人民友谊。

第四，艺术形式多种多样。一方面，在共建"一带一路"的背景下，涉及音乐、舞蹈、美术等文化表现形式的波兰艺术团数量不断增加，并不断受邀参加国际艺术节。另一方面，中国各地艺术团也积极前往波兰开展交流，展现中波文化互融的趋势，两国共同打造立体的文化交流合作模式。由此看来，双方人文交流合作机制平台的不断丰富，促进了中波人员往来，带动了两国文化交流合作。

第五，旅游合作不断加强。在《联合声明》的指导下，中波两国的旅游业不断发展，有利于扩大两国经济发展的溢出效应，提升双方居民生活水平。首先，赴波人数逐年增长。2016 年，中国赴波兰的旅客人数超 7 万人次。2018 年，中国赴波旅客人数突破 18 万人次，[①] 达到历史新高度。旅游人数的增加既有两国政治互信不断增强的因素，也受两国经贸合作不断深化的影响。其次，跨境手续更加便捷。为提升中国旅客申请波兰签证的效率和速度，波兰目前已在中

---

① 《驻波兰大使刘光源在中波建交 70 周年研讨会上的致辞》，中华人民共和国驻波兰共和国大使馆网站，http：//www.chinaembassy.org.pl/chn/sghd/t1687381.htm。

国 15 个城市设立了波兰签证申请中心。北京到华沙直航的开通，也为两国旅客赴对方国旅游提供了更为便捷的途径，促进双方旅游业的发展。与此同时，双方还签订了《民用航空税收协定》，其明确规定航空运输服务应相互免征增值税。旅游业作为一个综合的经济产业，不仅促进了两国经济增长，同时也利于产业结构的调整和优化。

由此看来，中波人文交流呈现多元化趋势。一方面，这加强了中波人文交流，为其增添了新的生命力，促进两国之间的相互理解。相互理解是加深两国经济关系的前提，为两国各领域合作的加强提供了更广阔的空间。另一方面，这也是中国文化走向世界的重要一步，让世界看到中国始终以开放包容的信心和勇气谋求合作和互利共赢，推进务实合作。

（四）其他国际合作

波兰自 20 世纪 90 年代经济转型后，经济一直保持着较快增长。波兰是中国打开欧洲市场、加强与欧洲合作交流的"引擎"。自中波关系全面升级以后，中国和波兰两国都支持和致力于加强国际合作。

第一，中欧合作关系日益加深。中波关系进入新阶段后，中国和匈牙利、保加利亚等欧洲国家的合作进一步加强。一方面，波兰自身积极投入到加强中欧合作的实践中。2017 年，波兰设立中国－中东欧国家海事秘书处，推动中国与中东欧国家开展"三海港区合作"。[①] 另一方面，波兰极大地推动了中国—中东欧国家合作机制的形成。2012 年，第一次中国—中东欧国家领导人会议在波兰华沙举行。《联合声明》中提到的中欧投资协定已经于 2020 年签署，等待双方立法机构批准。

---

① 《中国—中东欧国家海事秘书处在波兰成立》，中华人民共和国驻波兰共和国大使馆经济商务处，http：//pl. mofcom. gov. cn/article/todayheader/201702/201702 02514436. shtml。

第二，双方在全球性问题上加强协作。中国和波兰始终支持以和平方式解决国际问题，支持建立以规则为基础的国际秩序。2018年，中国积极参与《联合国气候变化框架公约》第24次缔约方大会，并提出基本立场和主张，积极推进气候多边进程。尽管中国和波兰在全球气候问题上持相同观点，但是就目前情况而言，双方在全球气候问题上的协作稍显不足。

表2　《联合声明》实施情况

合作方向	内容	实施成果
政治方面	互相尊重主权和领土完整、增强政治往来、促进和保护人权及法治	2016年11月,李克强总理于拉脱维亚里加会见谢德沃总理。 2017年5月,谢德沃来华访问,习近平主席、李克强总理分别与其会见。 2017年11月,李克强总理于匈牙利布达佩斯会见谢德沃总理。 2018年3月,习近平主席特使、中共中央政治局委员、中央书记处书记、中央政法委书记郭声琨访问波兰。 2019年4月,国务院总理李克强在杜布罗夫尼克会见出席第八次中国—中东欧国家领导人会议的波兰总理莫拉维茨基。 2019年7月,王毅国务委员兼外长访问波兰。
经贸方面	贸易合作	2016年6月21日,中波签署关于共同编制合作规划纲要的备忘录。 2016~2019年中国与波兰双边贸易额逐年增长,双边贸易额从174.7亿美元增长到259.5亿美元。
	双边投资	2016年中国实际利用波兰外商直接投资585万美元。 广西柳工机械股份有限公司、湖北三环集团等实体企业落户波兰。
	资金融通	2015年亚投行成立,波兰加入亚投行。 中国银行、中国工商银行等3家中资银行落户华沙,设立分行。
	基础设施	中波目前已经形成由海运、班列、直航组成的海陆空立体交通网。 中欧班列通行数量突破1万列,20%的中欧班列抵达或途经波兰。

续表

合作方向	内容	实施成果
人文方面	科技合作	2018 年，双方签署《中国国家自然科学基金委员会与波兰国家科学中心合作谅解备忘录》。 共同研发微型卫星。
	教育合作	2016 年 10 月，波兰副总理兼科学与高等教育部长戈文来华出席第四次中国—中东欧国家教育政策对话。 波兰共设立了六所孔子学院、一个孔子学堂。
	文化合作	"汉语热""欢乐春节·波兰行""舌尖上的中国"美食节等活动在波兰举行。
	艺术合作	两地艺术团展演。
	旅游合作	2018 年，中国赴波兰旅客人数突破 18 万人次。 波兰目前已在中国 15 个城市设立了波兰签证申请中心。 两国签订《民用航空税收协定》。
国际方面	中欧关系	2012 年，第一次中国—中东欧国家领导人会议在波兰华沙举行。 2017 年，波兰设立中国—中东欧国家海事秘书处，推动中国与中东欧国家开展"三海港区合作"。 2019 年第二十一次中欧领导人会晤宣布将于 2020 年完成中欧投资协定谈判。
	全球协作	2018 年，中国积极参加在波兰卡托维茨主办的《联合国气候变化框架公约》第 24 次缔约方大会。

结　语

　　中波双方建交以来积累的政治资产以及在全球化背景下，中波双方经济发展和合作的传统是两国深化合作关系、建立全面战略伙伴关系的重要驱动力。由此推动了两国全面战略伙伴关系的建立。《联合声明》从两国根本利益出发，分别从政治关系、经贸合作、人文交流、国际关系四个方面将两国深化务实合作的途径书面化。

　　从当前实践看，《联合声明》自签订以来得到很大程度的落实。

两国政治往来日益密切、贸易合作成果显著、人文交流日益频繁、中欧关系得到提升。但是《联合声明》在实施过程中，仍然存在一定的问题。例如，政治方面的合作不深入，基础设施不能满足实际需求，科技合作形式单一等，无不彰显着中国和波兰关系进入新时代后仍有很大的提升空间。

因此，未来中国和波兰应携起手来，以更长远的眼光深化中波双方务实合作，应对共同的挑战。两国应完善双方的对话机制和方式，增进政治互信；切实推动双边及多边各项贸易协定的签订和实施，为两国企业发展提供充分的政策和制度保障，为两国贸易发展创造良好的条件；创新交流合作机制，促进文化交流，增进中波人民之间相互理解，推动中波之间各方面各领域的务实合作。中波关系的深化，将对中国和中东欧国家、中国和欧盟的合作关系产生积极影响，也将进一步加强中国与欧洲之间的交流合作，将亚洲和欧洲国家之间的合作推向更高层次，推向更宽领域。

B.13
中波经贸关系现状及发展前景

郭菲菲 *

摘　要：　波兰是"一带一路"沿线重要的战略支点国家，是中国进入欧盟市场的中转站，是深化中国—中东欧国家合作的欧方主要牵头国家。近年来，中波双边贸易额持续增长，相互投资趋向活跃，合作领域不断拓宽。尽管中波经贸关系存在波中贸易逆差过大、双边贸易额在两国对外总贸易额中所占比重较小、贸易结构单一等问题，但总体上发展平稳迅速。随着波兰"GO TO CHINA"计划的启动、双边贸易机制的不断完善、多项基础设施建设合作的推进、贸易投资的多元化扩展，中波经济合作和贸易往来发展前景广阔。

关键词：　中国　波兰　经贸关系　贸易结构

　　2013 年，习近平主席提出了"一带一路"倡议的构想，在全球范围内引起了广泛关注。"一带一路"倡议主张依靠中国与相关国家间既有的双边和多边合作机制，不断深化与通道沿线国家间的经济合作关系，建立横跨欧亚大陆的利益共同体。[①] 新亚欧大陆桥是"一带

---

　*　郭菲菲，博士，贵州财经大学副教授，重庆交通大学欧洲研究中心兼职研究员，研究方向为交通与经济一体化发展。

　①　王立国：《高校智库服务"一带一路"的路径与对策》，《牡丹江师范学院学报》（哲学社会科学版）2016 年第 2 期；于美娜：《论"一带一路"　（转下页注）

一路"建设的重点方向，中东欧地区是"一带一路"沿线的重点地区。而波兰作为中东欧地区有影响力的大国，是"一带一路"沿线重要的战略支点国家，是中国进入欧盟市场的中转站，在"一带一路"建设中发挥特殊而重要的作用。

2016年6月20日，习近平主席与波兰总统杜达在华沙共同签署了《中华人民共和国和波兰共和国关于建立全面战略伙伴关系的联合声明》，一致决定将中波关系提升为全面战略伙伴关系，同时双方将加强"一带一路"倡议同波兰的"可持续发展计划"的对接。同日，习近平主席在出席丝路国际论坛暨中波地方与经贸合作论坛开幕式时，发表了题为《携手同心　共创未来》的重要讲话，强调中波共商共建"一带一路"，齐心协力将中波合作打造成"一带一路"合作的典范，带动区域经济繁荣，同时提出要突出重点，将双方经贸合作作为两国"一带一路"合作主攻方向。①

2021年是中波建立全面战略伙伴关系的第五个年头，五年来中波两国领导人高度重视两国在经济、文化、贸易、基础设施建设等领域的合作。中波高层领导互访频繁，通过高层互访，两国进一步增进了解，推动两国关系逐步走上全面合作发展的道路。经贸关系是中国与波兰全面战略伙伴关系的重要组成部分，在中波两国领导人的重点关注下，中波经贸合作取得了丰硕的成果，双边贸易额、双边投资额不断增长，双边技术经济合作不断加强。本报告主要从中波双边贸易、投资方面分析近年来中波经贸关系现状，探析中波经贸关系面临的问题和发展前景，为"一带一路"倡议的实施和中国企业"走出去"提供重要的参考。

（接上页注①）战略下中国公共外交发展策略》，《广西师范学院学报》（哲学社会科学版）2016年第3期。

① 新华社：《〈携手同心　共创未来〉习近平同波兰总统杜达共同出席丝路国际论坛暨中波地方与经贸合作论坛开幕式》，《国际援助》2016年第4期。

一 中波经贸关系现状

"一带一路"倡议实施以来，交通基础设施的互联互通为中波双方加强合作交流提供了有利条件。在此背景下，中波双边贸易额持续增长，双边投资增长迅速，合作领域不断拓宽。2020年，两国贸易额超过了310亿美元，创历史新高。波兰是中国在中东欧地区最大的贸易伙伴，中国是波兰第二十大出口市场和第二大进口来源地。[①]

（一）中波双边贸易现状

1. 中波双边贸易额

随着中波双边贸易合作不断推进，两国的贸易深度和广度在不断拓展，2015~2019年中国与波兰双边贸易额呈逐年递增态势，2019年，中波双边贸易额为278.21亿美元，同比增长13.45%，相比2013年增长了87.89%。此外，从2013~2019年中波双边贸易额占中国对外总贸易额比重的变化情况可以看出，中波双边贸易深度不断加深，从2013年的0.36%增长至2019年的0.60%（见表1）。

表1　2013~2019年中国与波兰双边贸易额及占比情况

单位：亿美元，%

年份	中波双边贸易额	中国与波兰双边贸易额占中国对外总贸易额比重
2013	148.07	0.36
2014	171.92	0.40
2015	170.87	0.43

---

① 《对外投资合作国别（地区）指南——波兰（2019）》，中华人民共和国商务部网站，http://fec.mofcom.gov.cn/article/gbdqzn/#。

续表

年份	中波双边贸易额	中国与波兰双边贸易额占中国对外总贸易额比重
2016	176. 38	0. 48
2017	212. 27	0. 52
2018	245. 22	0. 53
2019	278. 21	0. 60

资料来源：中国国家统计局：《中国统计年鉴》（2014～2020 年），http：//www. stats. gov. cn/tjsj/ndsj/。

根据中国国家统计局数据，2013～2019 年，波兰从中国的进口额始终高于对中国的出口额，波兰长期保持逆差贸易结构，且近年来呈现不断增大的趋势（见图 1）。

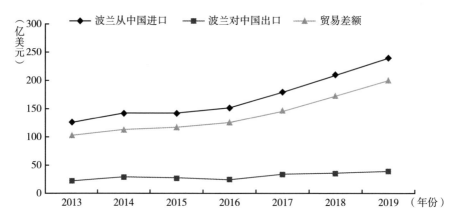

图 1 2013～2019 年中国与波兰双边贸易进出口及贸易差额情况

资料来源：中国国家统计局：《中国统计年鉴》（2014～2020 年），http：//www. stats. gov. cn/tjsj/ndsj/。

2019 年，中国为波兰第二十大出口市场和第二大进口来源地。其中，波兰自中国进口额为 238. 80 亿美元，增长了 14. 39%；波兰对中国出口额为 39. 41 亿美元，增长了 8. 12%；波兰的贸易逆差为 199. 39 亿美元，增长了 15. 71%，波兰最大的贸易逆差来源国是中国。

2. 中波贸易结构

2019 年，波兰主要出口商品类别中前五类为机电产品，运输设备，贱金属及制品，家具、玩具、杂项制品，食品/饮料/烟草。从波兰前五大类商品出口的国家/地区构成来看，德国、法国、英国、意大利、荷兰、美国、捷克是其主要出口国家，其中尤其依赖德国。前五大类产品的首位出口国都是德国，且占比基本保持在 21.8% ~ 33.9%，比重较高。波兰对中国的出口产品结构与对全球的出口产品结构显著不同，运输设备、食品/饮料/烟草项在中国市场的受欢迎度不及全球其他国家/地区。波兰对中国出口的前五类商品类别为机电产品、贱金属及制品、塑料/橡胶、活动物/动物产品、木及制品。2019 年上述五类商品出口额合计占波兰对中国总出口额的 56.4%，分别为 8.93 亿美元、7.65 亿美元、2.31 亿美元、1.7 亿美元、1.64 亿美元（见图 2）。与 2018 年相比，机电产品和贱金属及制品出口额分别增长 21.6%、15.3%，活动物/动物产品和木及制品的出口额大幅度增加，分别增长 82.5%、112.4%。

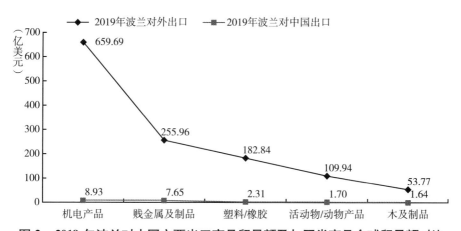

图 2　2019 年波兰对中国主要出口商品贸易额及与同类商品全球贸易额对比

资料来源：UN Comtrade，https：//comtrade. un. org/。

相比其他大类的产品，波兰的贱金属及制品在中国市场最受欢迎，这主要是由于波兰是居俄罗斯之后欧洲第二大、世界第九大产铜国。2018

年波兰铜产量为 52 万吨，同比增加 3.47%。2018 年波兰铜银矿储量为 19.35 亿吨，其中已知的开采量占 88.3%。波兰白银产量居世界第 6 位，欧洲第 1 位。除此之外，木及制品也相对更符合中国市场的需求，波兰木材业附加值较高，是世界第三大多孔纤维板生产国、第六大刨花板和硬纤维板生产国、第十大家具生产国和第四大出口国。

2019 年，波兰前五大类进口商品为机电产品、运输设备、贱金属及制品、化工产品、矿产品。从波兰前五大类商品进口的国家/地区构成来看，德国、中国、俄罗斯、意大利、捷克是其主要进口国家，其中进口市场也尤其依赖德国。除矿产品德国位列第三外，其余产品德国均位列第一，且占比均保持在 25% 以上。波兰从中国进口的产品结构与全球不同，重点集中在机电产品，家具、玩具、杂项制品，纺织品及原料，贱金属及制品，化工产品。2019 年上述五类商品进口额合计占波兰自中国总进口额的 77.8%，分别为 115.85 亿美元、20.66 亿美元、20.05 亿美元、18.87 亿美元、10.38 亿美元（见图 3），与 2018 年相比分别增长 8.1%、2.6%、9.9%、8.5%、19.7%。

图 3　2019 年波兰从中国主要进口商品贸易额及与同类商品全球贸易额对比

资料来源：UN Comtrade，https：//comtrade. un. org/。

（二）中波双边投资现状

2003～2015 年，波兰在华累计投资额增长了 3 倍。2015 年波兰在中国投资流量达到最大 8277 万美元，但在随后几年不断减少，2018 年为 247 万美元（见图 4）。根据联合国贸发会议发布的《2019 年世界投资报告》[①]，2018 年波兰对外投资流量为 8.6 亿美元，对外投资存量为 285.1 亿美元，而波兰对中国的投资仅占其对外投资总额的 0.29%。从波兰对中国直接投资占中国外商投资比重来看，波兰对中国直接投资体量相对较小，2015 年最高达到 0.0656%，随后不断降低，2018 年为 0.0018%（见图 5）。

图 4　2013～2018 年波兰对中国直接投资总额与中国外商投资总额比较

资料来源：UNCTAD，"World Investment Report 2019"，https：//unctad. org/。

2010～2018 年，中国对波兰投资额增长了 7 倍，但是体量占比较小。2010 年中国对波兰直接投资（流量）为 1674 万美元，2018 年中国对波兰直接投资（流量）为 11783 万美元。2018 年波兰的外国直接

---

① United Nations Conference on Trade and Development，"World Investment Report 2019"，May 2020，https：//unctad. org/.

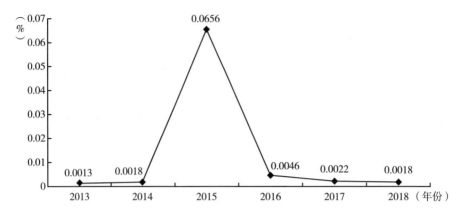

图 5　2013～2018 年波兰对中国直接投资占中国外商投资比重

资料来源：UNCTAD，"World Investment Report 2019"，https：//unctad. org/。

投资流量为 114.8 亿美元，同比增长 25%，外资存量为 2318.5 亿美元。截至 2018 年底，中国对波兰直接投资存量为 5.23 亿美元，占波兰吸收外资总额的 0.23%。2016 年中国企业向全球投资 1700 亿美元，比上一年增长 44%。但中国在波兰的投资规模没有体现此前预期的浪潮式增长，当前的投资规模和力度远远低于预期。中国资本进入波兰首先选择的方式是收购，而不是绿地投资，只有少数项目的投资额能达到数百万欧元的规模。中国并非波兰外资的主要来源国。

二　中波经贸关系面临的问题

（一）波中贸易逆差过大，且呈现逐年递增的趋势

波兰在中波双边贸易中长期保持贸易逆差。根据中国国家统计局数据，① 2013～2019 年波兰贸易逆差不断扩大，从 2013 年的 103.45

---

① 中国国家统计局：《中国统计年鉴》（2014～2020 年），http：//www. stats. gov. cn/
tjsj/ndsj/。

亿美元上升到 2019 年的 199.39 亿美元（2019 年波兰从中国的进口额为 238.80 亿美元，出口额为 39.41 亿美元）。中波贸易显著失衡，贸易逆差过大已成为双方经贸关系中的重要问题。

贸易逆差属于结构性问题，并不能在中短期内解决。由于中波语言、文化和历史原因，波兰企业对中国市场缺乏充分的了解。同时，波兰向中国出口商品类别较少，竞争力相对较低，导致波兰与中国的贸易逆差不断扩大。①

（二）中波间贸易额在双方对外贸易总额中所占比重都较小

当前，中国与波兰的贸易额在双方对外贸易进出口总额中所占比重都非常小。根据中国海关统计，中波双边贸易额占中国对外贸易总额的比重从 2013 年的 0.36% 增长至 2018 年的 0.53%，比重相对非常小。而根据欧盟统计局数据，② 从 2013 ~ 2018 年波兰与中国的双边贸易额占波兰对外贸易总额的比重变化情况来看，虽然中波双边贸易深度不断加深，从 2013 年的 3.24% 增长至 2018 年的 4.49%，但总体占比仍然较低。③ 当然这并不代表双方贸易没有发展前景，反而意味着中国和波兰贸易在未来还有很大的发展空间。2019 年，在波兰出口总额中，对欧盟国家出口占 85.8%；在进口总额中，自欧盟国家进口占 73.3%。近年来，受全球经济下行影响，波兰迫切希望能摆脱对欧盟市场的过分依赖，寻求商品出口市场多元化，为此，波兰先后推出"GO TO CHINA""GO TO IRAN""GO TO AFRICA"等

---

① 李增伟：《波兰推出"走向中国"战略》，人民网，http：//world. people. com. cn/n/2014/0102/c1002 - 23998389. html。

② "European Statistics"，May 2020，https：//ec. europa. eu/eurostat/web/international - trade - in - goods/data/database.

③ 朱琳慧：《2018 年中国与波兰双边贸易全景图》，前瞻产业研究院，https：//www. qianzhan. com/analyst/detail/220/190905 - 49baca51. html。

计划，积极推动发展与中东欧国家和发展中国家的经贸关系。在"一带一路"背景下，中国和波兰的双边贸易势必会快速发展，相信在不久的将来，中波贸易额在双方对外贸易总额中所占的比重会大幅上升。

（三）贸易结构单一

2019 年，波兰对中国出口的前五大类商品是机电产品、贱金属及制品、塑料/橡胶、活动物/动物产品、木及制品，按海关分类主要是第16、第15、第7、第1、第9 类，这五类产品的出口额占波兰向中国总出口额的 56.4%。波兰自中国进口的前五大类商品是机电产品，家具、玩具、杂项制品，纺织品及原料，贱金属及制品，化工产品，按照海关分类主要是第16、第20、第11、第15、第6 类，这五类产品的进口额占波兰从中国总进口额的 77.8%。由此可见，中波两国间的贸易主要集中在机电产品和贱金属及制品，贸易结构比较单一。

三 中波经贸发展前景

从波兰的贸易市场整体情况来看，波兰对外贸易的主要市场是欧盟国家。近年来，受全球经济下行影响，波兰迫切希望摆脱对欧盟市场的过分依赖，寻求商品出口市场多元化，先后推出"GO TO CHINA""GO TO IRAN"等计划，积极推动发展与中东欧国家和发展中国家的经贸关系。结合中波贸易现状和相关经济政策，虽然中波经贸关系存在一些问题，但是发展平稳迅速，中波经济合作和贸易往来未来仍然前景广阔。

（一）中波双方扩大经贸关系的良好意愿为促进经贸往来提供了动力

波兰政府部门十分重视与中国的合作。为吸引投资，实现本国出口多元化目标，进一步深化与中国的经贸合作关系，波兰发起了"GO TO CHINA"项目计划，成立了波兰—中国经济合作中心。同时，波兰总体对"一带一路"倡议构想反应积极，认为此倡议的推进将有助于波兰与中国西部省份合作。如罗兹省、马佐夫舍省等地方政府认为中欧班列的运营发展为地方经贸合作、波中贸易发展增加了推动力。这表明，两国经济发展战略契合，为深化双边合作提供了良好契机。

（二）双边贸易机制的完善是促进中波经贸往来不断增加的基础

中国与波兰之间的贸易机制也得到了不断的完善。2012～2017年中波签署了一系列双边协定，包括2012年签署的《关于加强基础设施领域合作协定》、2013年签署的《中波基础设施指导委员会规则》、2015年签署的《关于共同推进丝绸之路经济带和21世纪海上丝绸之路建设的谅解备忘录》、2016年签署的《关于波兰苹果输华植物检疫要求的议定书》等一系列经贸合作文件、2017年签署的《中华人民共和国政府和波兰共和国政府旅游领域合作协议》。除中波双边的多项协定外，2013年中国与中东欧国家签署的《中国—中东欧国家合作布加勒斯特纲要》、2016年中国与中东欧国家签署的《中国—中东欧国家合作里加纲要》、2020年中国与欧盟签署的《中欧投资协定》等相关贸易协定也极大地推动了中国和波兰双边贸易的发展。同时，2015年中国和波兰政府间还建立了合作委员会，商定每两年举办一次会议，对双方在合作过程中的热点问题进行沟通和协调，防止出现不可调和的问题，从而推动中波贸易快速稳定发展。

（三）中波进出口商品结构将不断扩展

2019年，波兰向中国出口的主要商品类别是机电产品、贱金属

及制品、塑料/橡胶、活动物/动物产品、木及制品；波兰自中国进口的主要商品类别是机电产品，家具、玩具、杂项制品，纺织品及原料，贱金属及制品和化工产品。中波在机电产品、贱金属及制品方面有较强的互补性，但两国贸易结构相对单一。波兰的煤、铜、银等自然资源丰富，并且作为欧洲制造业基地，波兰在航空、汽车以及食品加工业领域的产值都位居欧洲第一。而在中国对外出口的主要商品中，除了两国主要贸易商品，鞋服类商品、汽车等也是主要商品。如果将两国进出口商品类别进行拓宽，向对方出口其优势产品，将进一步优化中波双边贸易结构。

2016 年 6 月，中波两国正式签署了波兰苹果出口中国的贸易协议，从而解决了波兰苹果产能过剩的问题。2018 年 7 月，中国与波兰共同签署了鸡肉贸易协议，为波兰对华出口鸡肉奠定了基础。2020 年 12 月底，中欧投资协定谈判完成，在中欧投资协定释放的信心和政策红利的积极影响下，对于长期以来渴望进入中国市场的波兰化妆品、食品和游戏等企业来说是个利好信号，将成为推动中波投资、贸易发展的有力抓手。波兰向中国出口的商品类别将不断拓宽，从而缩小波兰与中国的贸易逆差，提高波兰贸易积极性。同时，一系列促进中波经贸发展的政策和措施，将不断扩展中波进出口商品范围，推动双边贸易迅速发展，这将对两国共建"一带一路"具有重要意义，并起到示范作用，也将带动区域合作发展。

（四）采取各种措施积极拓展和进入波兰市场

中波两国都是在各自地区具有重大影响力的国家，两国经济发展各有优势，互补互惠性强，开放合作的潜力很大。"一带一路"倡议构想可稳步推进中波经贸合作。目前已有渝新欧、蓉欧、苏满欧、汉欧、郑欧等多条铁路货运线路自中国经过或抵达波兰，缩短了中波货物运输时间，降低了运输成本，从而提高了波兰商品的市场竞争力，为扭转波中贸易逆差提供新机会。波兰政府近年来不断加大对基础设施建设的投资力度，中国企业可以充分发挥自身技术和成本优势，以工程总承包、PPP 等形式参与波兰基础设施建设，比如公路、铁路、核电、风电等基础设施建设项目，从而拓展中国在波兰的工程承包市场，进而打开整个欧洲市场。同时，波兰是第一个加入亚投行的中东欧国家，亚投行成立的目的之一是在"一带一路"框架内促进成员国开展基础设施建设项目合作，包括铁路、管道、电力、公路、港口、通信等领域。基于以上因素，中波双边贸易合作潜力无限。

（五）中波双边投资领域将多元化

波兰优越的地理位置与良好的经济条件为中波双边投资提供了平台。随着中波两国经济的快速发展和"一带一路"倡议的不断推进，中国对波兰的直接投资将继续保持稳定增长的态势，并且会呈现投资多元化趋势。[①] 波兰投资环境稳定，政府对吸引外资一向较为支持。近年来，中波在双边关系、次区域"17＋1"合作机制和"一带一路"倡议下，开展了多方面合作，波兰是中国在欧洲的第二大投资目的地。展望未来，中波两国完全可以在共建"一带一路"和波兰政府"可持续发展计划"之间寻找深化投资合作的契机，推动双边关系稳步提升。

深化中波两国在基础设施建设领域的合作，中国在基础设施建设领域经验丰富，波兰是欧亚大陆的交通枢纽，在"中央交通港"建设、"国家铁路计划"以及格但斯克港口改造等重大项目上，中国可以与波兰共享经验，加强投资合作。深化双方在开发性金融领域的合作，中国在开发性金融领域积累了丰富的经验，在波兰"可持续发

---

① 赵洪宝：《"一带一路"和"16＋1"合作框架下中波经贸关系研究》，《牡丹江师范学院学报》（哲学社会科学版）2017 年第 2 期。

展计划"中，中波可以就开发性金融探讨具体的合作方式。同时，深化双方在设备制造、科技创新领域的合作，波兰拥有大量高素质人才、扎实的基础研究实力和有利于创新的商业环境，这与中国企业日益攀升的创新需求高度契合，比如波兰的采矿技术与设备较好，符合我国未来对国内矿产业升级改造的需求，中波之间可以基于务实合作的精神，在科技研发与应用方面加强协作。最后，深化两国人文交流与合作，不断加大中波民众交往与文化交流力度，2021年1月，两国签署了《中波2021—2024年文化合作议定书》，进一步加强了在文学、戏剧等领域的合作。

结　语

波兰是"一带一路"沿线重要的国家，是中国进入欧盟市场的中转站，是深化中国—中东欧国家合作的欧方主要牵头国家。近年来，中波双边贸易额持续增长，相互投资趋向活跃，合作领域不断拓宽。尽管中波经贸关系存在波中贸易逆差过大、双边贸易额在两国对外总贸易额中所占比重较小、贸易结构单一等问题，但总体上发展平稳迅速。

《中华人民共和国和波兰共和国关于建立全面战略伙伴关系的联合声明》和习近平主席发表的《携手同心　共创未来》的讲话均强调要促进双边经贸全面合作。随着波兰"GO TO CHINA"计划的启动、双边贸易机制的不断完善、基础设施建设领域合作的推进、贸易投资的多元化扩展等多项合作举措的实施，中波经济合作和贸易往来发展前景广阔。

附　　录
Appendix

B.14
2019～2020年波兰大事记

陈思杨*

2019 年 1 月 1 日，关于最高法院的法官退休的修正案生效，之前被强制"退休"的 65 岁以上最高法院法官或最高行政法院法官，可返回任职。

2019 年 1 月 13 日，格但斯克市长帕维尔·阿达莫维奇遇刺。

2019 年 1 月 14 日，帕维尔·阿达莫维奇不治身亡，波兰总统杜达随后宣布当日为全国哀悼日。

2019 年 1 月 22 日，波兰总统杜达参加达沃斯经济论坛。

2019 年 2 月 3 日，罗伯特·别德罗恩宣布成立新政党——春天党。

2019 年 2 月 7 日，马泰乌什·莫拉维茨基总理与维谢格拉德集

---

* 陈思杨，中国社会科学院欧洲研究所硕士研究生。

团国家政府首脑和德国总理默克尔在布拉迪斯拉发举行会晤。

2019 年 2 月 13 日，美国国务卿蓬佩奥访问波兰。

2019 年 2 月 13 ～ 14 日，波美在华沙联合举办 "促进中东未来的和平与安全" 部长级会议。

2019 年 2 月 14 日，波兰总统杜达和美国副总统迈克·彭斯见证价值 4. 14 亿美元的海马斯火箭炮系统合同签约。

2019 年 2 月 14 日，马泰乌什·莫拉维茨基总理会见以色列总理本杰明·内塔尼亚胡。

2019 年 2 月 14 日，波兰前总理扬·奥尔谢夫斯基逝世。

2019 年 2 月 15 日，波兰国防部长马里乌斯·布拉斯卡克和外交部长亚采克·恰普托维奇参加慕尼黑安全会议。

2019 年 2 月 23 日，法律与公正党提出五项新计划，包括 "500 + 计划" 扩大至第一个孩子，免除 26 岁以下年轻人的个人所得税，退休者可以获得第十三个月养老金等。

2019 年 2 月 24 日，莫拉维茨基总理出席在埃及沙姆沙伊赫举行的有史以来第一次欧盟—阿拉伯联盟首脑会议。

2019 年 3 月 7 日，北约秘书长斯托尔滕贝格对华沙进行正式访问，杜达总统在贝尔维德雷宫会见北约秘书长。

2019 年 3 月 11 日，波兰举行庆祝加入北约 20 周年的军事演练和庆祝仪式。

2019 年 3 月 15 日，莫拉维茨基总理在布达佩斯会见了匈牙利总理维克多·欧尔班，庆祝 1848 年匈牙利革命爆发 171 周年。

2019 年 4 月 9 日，波兰教师举行罢工。

2019 年 4 月 10 日，波兰纪念斯摩棱斯克空难 9 周年。

2019 年 4 月 12 日，莫拉维茨基总理出席在杜布罗夫尼克举办的第八次中国—中东欧国家领导人会晤，并与中国国务院总理李克强会面。

2019 年 5 月 23～26 日，波兰参加欧洲议会选举。

2019 年 6 月 4～10 日，波兰举行纪念转型 30 周年庆祝活动。

2019 年 6 月 9～21 日，波兰参加北约举行的波罗的海行动－2019 军演。

2019 年 6 月 12 日，波兰总统杜达访问美国。

2019 年 7 月 1 日，"家庭 500＋"计划新的修正案正式实施，解除收入和二孩限制。

2019 年 7 月 3～5 日，欧盟—西巴尔干峰会在波兹南举行。

2019 年 7 月 9 日，波兰总统杜达会见中国国务委员兼外长王毅。

2019 年 8 月 1 日，波兰新的《个人所得税法》修正案正式生效。

2019 年 9 月 1 日，波兰举行纪念第二次世界大战爆发 80 周年系列活动。

2019 年 9 月 2 日，美国副总统彭斯访问波兰，并与莫拉维茨基总理签署 5G 安全协议。

2019 年 9 月 22 日，波兰总统杜达访问美国，双方签署加深军事合作的宣言。

2019 年 10 月 10 日，波兰作家奥尔加·托卡尔丘克荣获 2018 年诺贝尔文学奖。

2019 年 10 月 13～14 日，波兰举行议会选举，执政党法律与公正党获得众议院多数席位，反对党获得参议院多数席位。

2019 年 11 月 5～10 日，波兰企业参加 2019 年第二届中国国际进口博览会。

2019 年 11 月 11 日，美国正式对波兰居民实行免签。

2019 年 11 月 12 日，波兰众议院第一次会议召开，埃尔兹比塔·维泰克任众议院议长，托马斯·格罗兹基任参议院议长。

2019 年 11 月 14 日，波兰总统杜达提名马泰乌什·莫拉维茨基为波兰总理，并要求其组建新政府。

2019 年 11 月 19 日，波兰议会通过对莫拉维茨基政府的信任投票。

2019 年 12 月 20 日，波兰通过新的司法改革法案，法案禁止波兰法官参与政治活动或任何可能伤害司法系统的活动，任何质疑国家司法委员会提名合法性的法官都可能被处以罚款或被解雇。

2020 年 1 月 15 日，波兰航空公司（LOT）开通了从华沙飞往北京大兴机场的航班。

2020 年 1 月 29 日，公民纲领党（PO）宣布，博里斯·布德卡（Borys Budka）接替格热戈日·谢蒂纳（Grzegorz Schetyna）成为新任党首。

2020 年 3 月 4 日，波兰发现第一例新冠肺炎感染病例。

2020 年 3 月 14 日，波兰宣布进入"流行病威胁状态"，波兰航空暂停所有国际和国内航班。

2020 年 3 月 15 日，波兰开始实施边境管控，禁止所有跨境旅游、中转和人员往来。

2020 年 3 月 18 日，波兰总理宣布将推行"反危机之盾"项目，总价值约为 2120 亿兹罗提。

2020 年 3 月 20 日，波兰总理马泰乌什·莫拉维茨基正式宣布波兰进入"疫情紧急状态"。

2020 年 4 月 6 日，波兰副总理兼科学与高等教育部长雅罗斯瓦夫·戈文（Jaroslaw Gowin）宣布辞职。

2020 年 5 月 10 日，原计划举行的总统选举因疫情原因推迟，原定选举日无人参选。

2020 年 6 月 28 日，波兰举行总统选举第一轮投票，候选人安杰伊·杜达（Andrzej Duda）和拉法乌·恰斯科夫斯基（Rafał Trzaskowski）分别以 43.50% 和 30.46% 的得票率进入了第二轮投票。

2020 年 7 月 12 日，波兰举行总统选举第二轮投票，安杰伊·杜达以51.03%的得票率获得连任。

2020年9月26日，统一右翼联盟（Koalicji Zjednoczonej Prawicy）宣布新的联盟协议，其中包括共同参与下一次议会选举。

2020年9月30日，波兰总理莫拉维茨基宣布政府改组计划，法律与公正党主席、波兰前总理雅罗斯瓦夫·卡钦斯基（Jarosław Kaczyński）将出任政府副总理。根据之前右翼执政联盟内部达成的协议，波兰政府部委数量将由原来的20个减少为14个，执政联盟内部的协议党和团结波兰党将各获得一个部长职位，其余均由法律与公正党人士出任。

2020年10月6日，杜达总统同意了莫拉维茨基总理的改组计划，重新任命戈文为政府副总理兼发展、劳动和技术部长，扬·克尔兹斯托夫·阿达诺夫斯基（Jan Krzysztof Ardanowski）为农业和农村发展部长，米恰尔·库尔蒂卡（Michał Kurtyka）为气候和环境部长，格热哥兹·普达（Grzegorz Puda）为农业和林业部长。

2020年10月15日，波兰报告新增8099例新冠肺炎确诊病例，创该国疫情发生以来的新高，第二波疫情发生。

2020年10月22日，波兰最高法院裁定，因胎儿缺陷而堕胎违宪，这一决定直接导致波兰各地爆发三十年来最大的抗议活动。

2020年12月10日，波兰与欧盟就未来7年的预算框架达成共识，如果欧盟不取消将法治与支付欧盟资金挂钩的机制，波兰将否决预算。波兰为受"法治国家机制"审查的成员国提供申辩可能。

2020年12月27日，波兰公民首次接种新冠肺炎疫苗。

Abstract

The general report and sub-report of the *Annual Report on Development of Poland* (*2021*) focus on the characteristics and trends of Poland's political, economic and diplomatic development from 2019 to 2020. 2019 Poland's Law and Justice party won a majority in the lower house of parliament. 2020 Polish President Andrzej Duda narrowly defeated Civic Platform candidate Andrzej Chaskovski. In the future, the policies of the Polish government will maintain continuity, but the division of the Polish society has not been bridged, and the political restructuring of Poland is still under way. The Law and Justice government will continue its economic policy of expanding social welfare. Poland's economy continued to grow in 2019. Due to COVID – 19, Poland's economy fell into recession in 2020, ending the good record of sustainable economic growth since 1992. From 2019 to 2020, Poland continued to be Eurosceptic, pro-US and anti-Russian in its foreign policy.

Non-governmental organizations in Poland are developing rapidly, with many incentive regulations and no relaxation of government supervision. With the implementation of a series of internationalization strategies and policies, the internationalization of higher education in Poland has achieved remarkable results. The internationalization of higher education in Poland has multiple political, economic and educational backgrounds and motivations, and is the product of multiple policy combinations.

Poland has abundant natural resources and a competitive labor market. In recent years, Poland's economy has achieved rapid and steady growth, its business environment has also been greatly enhanced, and its international competitiveness index and innovation index have been continuously improved. Poland is one of the most attractive economices in the EU for investment. But Poland also needs to continue to strengthen its transport infrastructure, improve transparency and stability of laws, innovation policies and the environment for innovation.

Poland's planting industry accounts for a large proportion of agricultural production, the most important crops are wheat and other cereals, vegetable planting mainly cabbage, onion, carrot, etc. Polish apple cultivation is significantly competitive; The development of animal husbandry has a good foundation; Fishery has better development potential. The EU is Poland's main trading partner in agricultural products. Poland is China's largest trading partner in Central and Eastern Europe, and China is Poland's largest trading partner in Asia. In the future, Poland's agriculture will continue to maintain a steady development trend and has great potential in the international trade of agricultural products.

The existing railway network in Poland is seriously degraded, and it is difficult to meet the needs of economic development and foreign investment. The whole railway system is faced with the pressure of upgrading, transformation and maintenance. With the support of the EU, Poland has been investing more and more in railway infrastructure, and there is a great space and opportunity for the development of the railway construction market in Poland. Due to the differences in standards, laws and culture, as well as the existing market competition pattern, there are also many obvious obstacles and constraints for Chinese enterprises to enter the railway construction market in Poland.

The overall performance of Polish logistics has made great progress, especially the accession to the EU and the "One Belt And One Road" initiative. These two key window periods have brought opportunities to the development of Polish logistics industry. From docking with China-

Europe freight train, Poland such as transportation speed, power and capacity of railway transportation does not match transport demand. The current problems of railway crossings and the insufficient transport capacity of changing the outfit, have gradually become the bottleneck of running of China-Europe freight train.

The agreement of since China-Poland strategic partnership is signed, political exchanges are getting closer, fruitful trade cooperation, frequent cultural exchanges, china-eu relations improved, but still there are some problems during the implementation of the agreement. For example, political cooperation is not deep, the infrastructure can't meet the actual demand, scientific and technological cooperation take a single form. There are many problems in China-Poland economic and trade relations. For example, the trade deficit is too large, bilateral trade volume accounts for a small proportion of the total foreign trade between the two countries, the trade structure is single.

Keywords: Poland; Politics; Diplomacy; Economy; Sino-Polish Relations

Contents

I General Report

Abstract: Poland held parliamentary election in October 2019. The ruling party, the Law and Justice Party gained the majority in the Sejm in the October 2019 elections, but lost control of the Senate. Morawiecki started to serve as prime minister in second term. Polish President Andrzej Duda defeating candidate Rafal Chaskovski from Civic Platform with narrow margins, won relection. Despite the continuity of policies will be maintained in foreseeable future, social division had not been narrowed, the political reorganization is still under way, protest politics represented by woman protest returned. The Law and Justice Party government continues the economic policy of expansion of social welfare. Poland maintained economic growth in 2019, however, it suffered from the coronavirus pandemic, Poland fell into recession in 2020, ended the good record of long-term sustainable economic growth after 1992. From 2019 to 2020, Poland continued its foreign policy of Euroscepticism, pro-America and anti-Russia.

Keywords: Poland; Politics; Economy; Diplomacy

II Topical Reports

B.2 Overview of Polish Parliamentary and Presidential Elections
2019 −2020   *Wei Yan, Jacek Wojnicki* / 021

Abstract: From 2019 to 2020, the political polarization in Poland has further intensified. In time for the Polish parliamentary elections in 2019 and the presidential elections in 2020, many political forces on the political stage of Poland have made active preparations. The United Right Alliance led by the Law and Justice Party continues to incorporate the solution of some key issues in Polish politics and society into its political agenda. The political groups opposed to the United Right Alliance strive to win elections by establishing a broader alliance. In the end, the United Right Alliance once again won the majority of seats in the House of Representatives, and the Law and Justice Party's presidential candidate Duda also won the 2020 presidential elections.

Keywords: Poland; Political Orientation; Parliamentary Elections; Presidential Elections

B.3 Economic Situation in Poland (2019 −2020)
                    Kong Tianping / 029

Abstract: The government of the Law and Justice Party had paid attention to income distribution, had expanded social welfare, and had made welfare to benefit vulnerable groups since the Law and Justice Party took office in November 2015. From 2019 to 2020, the government of the Law and Justice Party continued to expand social welfare. Poland's economy kept growing in 2019. In 2020, the Polish economy suffered an extraordinary impact from the COVID −19 outbreak. Poland's government introduced a package of measures called "anti-crisis shield" to alleviate the economic and social impact of the epidemic. Due to the outbreak of COVID −19 in 2020, Poland's economy fell into recession, ended the good record of sustainable economic growth after 1992.

Keywords: Poland; Economic Policy; Economic Growth; Anti-crisis

B. 4　2019 −2020 Poland's Relations With Major Powers And Diplomatic Trends　　　　　　　　*Dai Yichen* / 042

Abstract: In 2019 − 2020, Poland's Law and Justice Party (PiS) won after successfully defending its majority in the European Parliament elections, Polish parliamentary elections, and presidential elections, maintaining Eurosceptic, pro-US and anti-Russian in its foreign policy. In its relations with the EU, while seeking detente with the Franco-German axis, the Polish government strengthened its association with small and medium-sized member states and enhanced its bargaining power with EU institutions. In its relations with the US, Poland has strived to strengthen its military alliance and energy cooperation with the US, even at the cost of deepening its differences with France and Germany and worsening its relations with Russia. In its relations with Russia, Poland regarded Russia as the primary security threat and attacked Russia on historical issues. It relied on the US and NATO to strengthen its military deterrence against Russia while getting rid of its energy dependence on Russia.

Keywords: Poland; Relations with Major Power; Diplomatic Trends

 波兰蓝皮书

Ⅲ Special Reports

B.5   Poland's Foreign Policy Towards the United States

Xiang Yang ∕ 062

Abstract: The Republic of Poland has been moving forward in the whirlpool of awareness of national security dangers and self-development dream. Poland and the United States have a profound historical origin. In the evolution of diplomatic relations with the United States, despite constant twists and adjustments towards the United States, Poland has always balanced between the realistic interests and strategies. Based on the factors of maintaining national security and enhancing the influence of regional powers, Poland's foreign policy has relied on the United States in many areas, such as anti-terrorism, missile defense, energy security and regional cooperation with central and Eastern Europe. Besides, there are many differences with Russia and the European Union. Recently, Poland's pro-American diplomacy has had a great impact on the relationship among Poland, Russia, the European Union, even on Poland's own security. Moreover, the diplomacy has both advantages and disadvantages for the international situation and Poland's own security and development. Therefore, the diplomatic strategy of putting eggs in one basket is worth consideration.

Keywords: Poland; the United States; Foreign Policy

B.6　Polish NGOs Management Legislation and

　　　Management Practices　　　　　　　*Yu Yuanling* / 079

Abstract: NGOs have played an important role in the historical process of Poland. The Polish government has issued numerous laws and regulations to stipulate the establishment conditions, registration procedures, scope of activities, taxation policies, procedural requirements, government supervision, and volunteer rights and obligations of NGOs in detail. The Polish Constitution, Tax Law, Association Law, and Law on Public Interest Activities provide a legal basis for the government to manage NGOs, as well as guarantee the establishment and development of NGOs. Polish law encouraged and supported NGOs before 2015. The promulgation of the Act on National Freedom Institute in 2017 marked the tightening of the Polish government's management of the NGOs. The Polish government has strengthened its control over NGOs through channels such as funding and public opinion guidance.

Keywords: Poland; Non-Governmental Organization; Act on National Freedom Institute

B.7　The Internationalization Policy of Higher Education in Poland

　　　　　　　　　　　　　　　　　　　　Yang Jifu / 092

Abstract: At the end of the 20th century and the beginning of the 21st century, the accelerated evolution of economic globalization has made the internationalization of global higher education to be more urgent and the progress has accelerated. In recent years, with the implementation of a series of internationalization strategic policies and measures, the

internationalization process has accelerated and achievements of Polish higher education are remarkable. The internationalization of higher education in Poland has political, economic and educational backgrounds and motivations. It is the product of multiple policy combinations. Poland is our key partner of education in "the Belt and Road" construction. Based on the existing literature, this paper combs and explores the policy motivation, policy measures, policy effectiveness and policy implications of the internationalization of higher education in Poland, with a view to drawing lessons for the policy formulation and implementation of China's higher education internationalization and the expansion of education openness.

Keywords: Poland; Internationalization of Education; Mutual Recognition of Degrees

B.8   Report on Polish Doing Business Environment Status and
       International Competitiveness   *Zhou Xiaoxiang* / 105

Abstract: Poland, located in the Eurasia crossroads, is one of the largest economies in Central and Eastern European countries. Poland has the advantages of political stability, abundant natural resources, international competitive labor market, lower taxes, no exchange restrictions and relaxed access conditions and preferential treatment. The polish economy has achieved fast and steady growth. The doing business environment has also been improved greatly, the international competitiveness index and innovation index have been improved greatly. Poland is the most attractive economy in the EU due to its strong competitive advantage and investment attraction. However, Poland has to strengthen the construction of transport infrastructure, improve its law transparency and innovation environment.

Keywords: Poland; Doing Business Environment; Investment Advantage; Global Competitiveness

B . 9 The Agricultural Production and International
      Trade of Poland   *Wu Yuan* / 132

Abstract: Studying the status quo of Polish agricultural production and international trade will help to have a deeper understanding about the competitiveness and potential of Polish agriculture. Based on the data released by the Poland Central Statistics Office (GUS), this report systematically analyzes the natural conditions, development status, and international trade of Polish agricultural development. The Polish plantation industry accounts for a large proportion of agricultural production. The most important crops are cereals, with the largest area of wheat planting and the highest yield of sugar beets. Vegetables are grown mainly with cabbage, onions, carrots, etc. . Poland's apples are highly competitive and the output ranks third in the world. The development of animal husbandry has a good foundation, and fisheries have good development potential. In terms of international trade of agricultural products, Poland has always maintained the advantage of a trade surplus. The European Union is Poland's main agricultural product trading partner. Poland is China's largest trading partner in Central and Eastern Europe, and China is Poland's largest trading partner in Asia. In the future, Polish agriculture will continue to maintain a stable development trend and has great potential in the international trade of agricultural products.

Keywords: Poland; Agriculture; International Trade

波兰蓝皮书

B.10　Development Status and Prospects of Polish Railway Transport

Infrastructure　　　　　　　　　*Lei Yang*, *Huang Chengfeng* / 156

Abstract: Poland is an important railway transportation hub in the European Union, and its railway network is relatively developed. In the implementation of "the Belt and Road" initiative and the European Union's "Eurasian Interconnection Strategy", Poland is expected to become Intermediary and key role of China and the European Union to carry out transportation infrastructure cooperation and achieve high-quality of Asia-Europe interconnection. Due to the age of the network, the existing railway network in Poland is seriously degraded, and it is difficult to meet the needs of economic development and attract foreign investment. The entire railway system is under pressure for upgrading and maintenance. With the support of the European Union, Poland has continuously increased its investment in railway infrastructure. There are a large development space and opportunities in the Polish railway engineering construction market. Due to differences in standards, laws and culture, as well as the original market competition pattern, there are also many obvious obstacles and constraints for Chinese-funded enterprises to enter the Polish railway construction market.

Keywords: Poland; Railway Construction; Europe-Asia Interconnection Strategy

B. 11   Status of the Polish Logistics Industry and

the Operation of Participation in

China-Europe Railway Express   *Wang Chengfu* / 169

Abstract: The superior geographical location of Poland makes it play an important role in Europe and in the Eurasian logistics system of " One Belt and One Road" (B&R) . The development level of its logistics industry will affect the overall logistics performance level of Europe and even Eurasian. By sorting out the current situation of the Polish logistics industry and its connection with China-Europe Railway Express (CERE) , it is shown that the overall logistics performance of Polish has made great progress, especially during the period of joining the European Union and the B&R initiative. These two key window periods have brought opportunities to the development of the Polish logistics industry. From docking with the CERE, Poland scores and ranks among the world's top for the density of its rail network, and its electrification rate and returning rate and other indicators are also not inferior to China, which is a powerful infrastructure country. However, its transportation speed, power, and capacity do not match with the current transport demand. Especially, there are serious deficiencies in the reloading and transshipment of railway ports on the CERE, which gradually become the operation bottleneck. If this bottleneck can be broken in the future, the cooperation potential with CERE can be greatly enhanced.

Keywords: Poland; Logistics Industry; China-Europe Railway Express

Ⅳ   China-Poland Relations Reports

B.12   China-Poland Comprehensive Strategic Partnership:

Establishment, Content and Implementation

Zeng Wenge, Deng Yue / 186

Abstract: Since the establishment of diplomatic relations between China and Poland, China-Poland relations have experienced a process of steady development, stagnation, and continuous development and deepening after the 1990s. The friendly relations and development policies, economic development demands and historical cultural exchanges have promoted the establishment of a comprehensive strategic partnership between China and Poland. The content of the comprehensive strategic partnership agreement is to write the cooperation between the two countries, with particular emphasis on political and economic exchanges. At the same time, the cooperation focuses on culture, education, and tourism to form a multi-faceted cooperation mechanism. Under the guidance of the agreement, China and Poland will deepen pragmatic cooperation, take political mutual trust as the starting point, continuously conducte high-level meetings and exchanges, and establish strategic mutual trust. The two nations have focused on economic and trade scale, and their trade exchanges and investment levels have continued to increase. The two countries use people-to-people exchanges as a bridge to seek new ways of cultural cooperation. In the future, China will also expand the fields of cooperation with Poland, promote the economic integration of the two countries, and build a new type of international relations.

Keywords: China-Poland Relations; Comprehensive Strategic Partnership; International Cooperation

Abstract: Poland is one of the most important strategic fulcrum countries along "The Belt and Road". It is a transit point for China to enter the EU market and a leading European country to deepen China-CEE cooperation. In recent years, the bilateral trade volume of China and Poland has been growing continuously. Mutual investment has become active, and cooperation fields have been constantly expanding. Although there are some problems in the economic and trade relations of China and Poland, such as the excessive trade deficit between Poland and China, the small proportion of bilateral trade volume in the total foreign trade volume of the two countries, and the single trade structure, the overall development is stable and rapid. With the launch of Poland's "Go to China" plan, the continuous improvement of bilateral trade mechanism, the promotion of a number of infrastructure construction cooperation, the diversified expansion of trade and investment and other cooperation measures, China-Poland economic cooperation and trade exchanges have broad prospects.

Keywords: China; Poland; Economic and Trade Relations; Trade Structure

V   Appendix

社会科学文献出版社

皮书

智库成果出版与传播平台

❖ 皮书定义 ❖

皮书是对中国与世界发展状况和热点问题进行年度监测，以专业的角度、专家的视野和实证研究方法，针对某一领域或区域现状与发展态势展开分析和预测，具备前沿性、原创性、实证性、连续性、时效性等特点的公开出版物，由一系列权威研究报告组成。

❖ 皮书作者 ❖

皮书系列报告作者以国内外一流研究机构、知名高校等重点智库的研究人员为主，多为相关领域一流专家学者，他们的观点代表了当下学界对中国与世界的现实和未来最高水平的解读与分析。截至2021年底，皮书研创机构逾千家，报告作者累计超过10万人。

❖ 皮书荣誉 ❖

皮书作为中国社会科学院基础理论研究与应用对策研究融合发展的代表性成果，不仅是哲学社会科学工作者服务中国特色社会主义现代化建设的重要成果，更是助力中国特色新型智库建设、构建中国特色哲学社会科学"三大体系"的重要平台。皮书系列先后被列入"十二五""十三五""十四五"国家重点出版规划项目；2013~2022年，重点皮书列入中国社会科学院国家哲学社会科学创新工程项目。

权威报告·连续出版·独家资源

皮书数据库
ANNUAL REPORT(YEARBOOK)
DATABASE

分析解读当下中国发展变迁的高端智库平台

所获荣誉

● 2020年，入选全国新闻出版深度融合发展创新案例

● 2019年，入选国家新闻出版署数字出版精品遴选推荐计划

● 2016年，入选"十三五"国家重点电子出版物出版规划骨干工程

● 2013年，荣获"中国出版政府奖·网络出版物奖"提名奖

● 连续多年荣获中国数字出版博览会"数字出版·优秀品牌"奖

皮书数据库

"社科数托邦"
微信公众号

成为会员

登录网址www.pishu.com.cn访问皮书数据库网站或下载皮书数据库APP，通过手机号码验证或邮箱验证即可成为皮书数据库会员。

会员福利

● 已注册用户购书后可免费获赠100元皮书数据库充值卡。刮开充值卡涂层获取充值密码，登录并进入"会员中心"—"在线充值"—"充值卡充值"，充值成功即可购买和查看数据库内容。

● 会员福利最终解释权归社会科学文献出版社所有。

数据库服务热线：400-008-6695
数据库服务QQ：2475522410
数据库服务邮箱：database@ssap.cn
图书销售热线：010-59367070/7028
图书服务QQ：1265056568
图书服务邮箱：duzhe@ssap.cn

社会科学文献出版社 皮书系列
SOCIAL SCIENCES ACADEMIC PRESS (CHINA)

卡号：536317123719
密码：

S 基本子库
UB DATABASE

中国社会发展数据库（下设 12 个专题子库）

紧扣人口、政治、外交、法律、教育、医疗卫生、资源环境等 12 个社会发展领域的前沿和热点，全面整合专业著作、智库报告、学术资讯、调研数据等类型资源，帮助用户追踪中国社会发展动态、研究社会发展战略与政策、了解社会热点问题、分析社会发展趋势。

中国经济发展数据库（下设 12 专题子库）

内容涵盖宏观经济、产业经济、工业经济、农业经济、财政金融、房地产经济、城市经济、商业贸易等 12 个重点经济领域，为把握经济运行态势、洞察经济发展规律、研判经济发展趋势、进行经济调控决策提供参考和依据。

中国行业发展数据库（下设 17 个专题子库）

以中国国民经济行业分类为依据，覆盖金融业、旅游业、交通运输业、能源矿产业、制造业等 100 多个行业，跟踪分析国民经济相关行业市场运行状况和政策导向，汇集行业发展前沿资讯，为投资、从业及各种经济决策提供理论支撑和实践指导。

中国区域发展数据库（下设 4 个专题子库）

对中国特定区域内的经济、社会、文化等领域现状与发展情况进行深度分析和预测，涉及省级行政区、城市群、城市、农村等不同维度，研究层级至县及县以下行政区，为学者研究地方经济社会宏观态势、经验模式、发展案例提供支撑，为地方政府决策提供参考。

中国文化传媒数据库（下设 18 个专题子库）

内容覆盖文化产业、新闻传播、电影娱乐、文学艺术、群众文化、图书情报等 18 个重点研究领域，聚焦文化传媒领域发展前沿、热点话题、行业实践，服务用户的教学科研、文化投资、企业规划等需要。

世界经济与国际关系数据库（下设 6 个专题子库）

整合世界经济、国际政治、世界文化与科技、全球性问题、国际组织与国际法、区域研究 6 大领域研究成果，对世界经济形势、国际形势进行连续性深度分析，对年度热点问题进行专题解读，为研判全球发展趋势提供事实和数据支持。

法律声明

"皮书系列"（含蓝皮书、绿皮书、黄皮书）之品牌由社会科学文献出版社最早使用并持续至今，现已被中国图书行业所熟知。"皮书系列"的相关商标已在国家商标管理部门商标局注册，包括但不限于LOGO（ ）、皮书、Pishu、经济蓝皮书、社会蓝皮书等。"皮书系列"图书的注册商标专用权及封面设计、版式设计的著作权均为社会科学文献出版社所有。未经社会科学文献出版社书面授权许可，任何使用与"皮书系列"图书注册商标、封面设计、版式设计相同或者近似的文字、图形或其组合的行为均系侵权行为。

经作者授权，本书的专有出版权及信息网络传播权等为社会科学文献出版社享有。未经社会科学文献出版社书面授权许可，任何就本书内容的复制、发行或以数字形式进行网络传播的行为均系侵权行为。

社会科学文献出版社将通过法律途径追究上述侵权行为的法律责任，维护自身合法权益。

欢迎社会各界人士对侵犯社会科学文献出版社上述权利的侵权行为进行举报。电话：010-59367121，电子邮箱：fawubu@ssap.cn。

社会科学文献出版社